HANS SCHAROUN

Bauten und Projekte

AKADEMIE DER KÜNSTE

In Kooperation mit der Akademie der Künste, Berlin

HANS SCHAROUN
Bauten und Projekte

Carsten Krohn

Birkhäuser
Basel

Layout, Umschlaggestaltung und Satz
Annette Kern, Berlin

Lektorat und Projektkoordination
Henriette Mueller-Stahl, Berlin

Herstellung
Heike Strempel, Berlin

Lithografie
[bildpunkt] Druckvorstufen GmbH

Papier
135 g/m² Hello Fat matt

Druck
Grafisches Centrum Cuno GmbH & Co. KG

Library of Congress
Control Number: 2018937579

Bibliografische Information der Deutschen Nationalbibliothek

Die Deutsche Nationalbibliothek verzeichnet diese Publikation in der Deutschen Nationalbibliografie; detaillierte bibliografische Daten sind im Internet über http://dnb.dnb.de abrufbar.

ISBN 978-3-0356-0679-9

Englisch-Print-ISBN 978-3-0356-0691-1

Postfach 44, 4009 Basel, Schweiz
Ein Unternehmen der Walter de Gruyter GmbH, Berlin/Boston

In Kooperation mit der Akademie der Künste, Berlin

Gedruckt auf säurefreiem Papier, hergestellt aus chlorfrei gebleichtem Zellstoff. TCF ∞

Printed in Germany

9 8 7 6 5 4 3 2 1
www.birkhauser.com

INHALT

Von Dimitri Suchin stammen die Texte zur Notkirche 1916–17, Siedlung „Bunte Reihe" 1920–24, Gutshaus Albat 1921–22 und Mietshäuser am Parkring 1923–24. Alle anderen Texte stammen von Carsten Krohn.

EINLEITUNG

Carsten Krohn

Hans Scharoun (1893–1972) hat eine Position in der Architektur und im Städtebau entwickelt, die er als organisch bezeichnete. Damit unterscheidet er sich von anderen Protagonisten des „Neuen Bauens" wie Mies van der Rohe und Walter Gropius, die mit geometrisch klaren Baukörpern und einer konstruktiven Logik rationale Gebäudestrukturen anstrebten. Scharoun hingegen erklärte 1952, als er zusammen mit dem Landschaftsplaner Hermann Mattern das Staatstheater Kassel entwarf (Abb. 1, 2): „Das ordnende Prinzip ist also nicht das ‚Geometrische', das die Proportionen der Massen im Auge hat, sondern das ‚Organische', das auf der Wesenheit der Aufgabe beruht."[1] Scharoun und Mattern entwickelten Raumabfolgen und den Baukörper nicht nur aus dem Programm heraus, sondern insbesondere aus dem städtebaulichen und landschaftlichen Kontext heraus. Auch wenn das aus einem gewonnenen Wettbewerb hervorgegangene Bauvorhaben bereits bis zur Ausführungsplanung vorangeschritten war, wurde es dennoch mit dem unzutreffenden Argument gestoppt, es sei unbaubar. Scharouns Weg zur organischen Architektur war beschwerlich und verlief nicht linear, obwohl er bereits als Schüler fantastisch anmutende, wie gewachsen erscheinende Baugebilde entworfen hatte (S. 20). Dieses Buch will Scharouns Position als einen Findungsprozess ergründen, indem die Entwicklung seines Werks Bau für Bau nachgezeichnet wird.

Für das Verständnis der Genese seiner Architektur ist die Kenntnis der Anfänge wichtig. Scharoun wurde in Norddeutschland, in Bremen, geboren und begann nach einem begonnenen Architekturstudium in Berlin seine Karriere als selbstständiger Architekt in Ostpreußen, damals deutsche Provinz, die heute zur Russischen Föderation gehört. Bisher war nur ein Teil seines dort gebauten Werks bekannt, das hier nun erstmals umfassend dokumentiert wird.[2] Mit Hilfe der Leiterin des Baukunstarchivs der Akademie

1 Hans Scharoun, Notiz vom 28.07.1952, in: Peter Pfankuch (Hrsg.), *Hans Scharoun – Bauten, Entwürfe, Texte*, Berlin 1974, S. 219.

2 Es sind hier allerdings nur diejenigen Scharoun-Gebäude dokumentiert, von denen Fotos überliefert sind. Im Hans-Scharoun-Archiv der Akademie der Künste, Berlin, befinden sich neben Zeichnungen zwar noch Fotografien weiterer Bauten in Ostpreußen – Siedlungshäuser und Stallgebäude –, die aber bisher nicht lokalisiert werden konnten. Nicht behandelt sind Bauten, bei denen Scharoun lediglich mitgearbeitet hat – im Büro von Paul Kruchen.

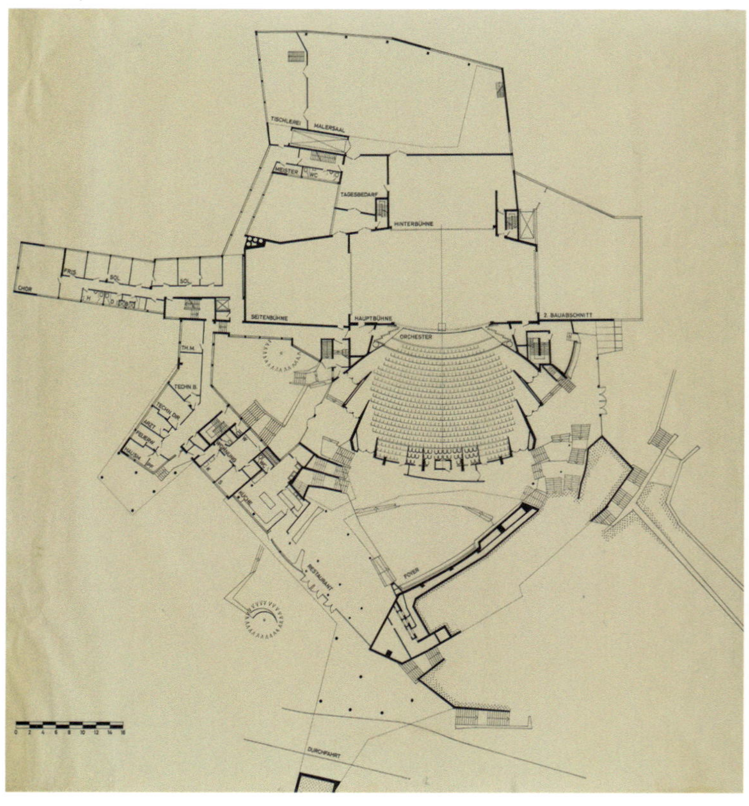

1 Hans Scharoun mit Hermann Mattern, Staatstheater Kassel, 1952–54, Projekt, Modell
2 Staatstheater Kassel, Grundriss

3 Hans Scharoun, Erläuterungsbericht zum Wettbewerbsentwurf Börsenhof, 1922, in: Pfankuch 1974, S. 35.
4 Iain Boyd Whyte und Romana Schneider (Hrsg.), *Die Briefe der Gläsernen Kette*, Berlin 1986, S. 46.

der Künste, Berlin, Eva-Maria Barkhofen und der Mitarbeiterinnen des Archivs Tanja Morgenstern und Juliane Kreißl konnten unbekannte Fotos der ostpreußischen Bauten erschlossen werden, die hier erstmals publiziert werden. Die wichtigsten ostpreußischen Bauten werden von Dimitri Suchin beschrieben, der dem Beirat der Scharoun-Gesellschaft angehört und ein Experte für Scharouns Tätigkeit in Ostpreußen ist.

Entwicklung zur organischen Architektur

Wenn Scharoun schon als Schüler Bauwerke zeichnete, die wie aus einem weichen Material geknetet erscheinen (S. 20), entsprang die Analogie zu gewachsenen Strukturen der Intuition. Später überformte er bei der Gutsanlage Albat in Ostpreußen tatsächlich ein rechtwinkliges Gebäude zu einer weichen Architektur. Zu diesem Zeitpunkt, 1922, beschrieb er Bauwerke wie etwas plastisch Modelliertes, indem er über seinen Wettbewerbsentwurf für den Börsenhof in Königsberg (Abb. 3) schrieb: „Der linke Flügel umspannt breit gelagert den mittleren Turm, indem die Vertikale und die Richtung der Spannung durch die Richtung der Fenster angedeutet ist. Der rechte Flügel atmet die Spannung aus."[3] Scharoun verglich die architektonische Komposition mit einer musikalischen, als er mit Anfang 30 – immer noch ohne Studienabschluss – bereits seine Antrittsvorlesung als Professor hielt und die zentrale Bedeutung der Rhythmisierung von Bauwerken betonte. In dem Vortrag appellierte er aber zugleich auch an die gesellschaftliche Verantwortung der Architekten und beschrieb den Sozialismus als eine zentrale Kraft, welche die Architektur beeinflusse. Qualifiziert hatte sich Scharoun bis dahin neben seinen realisierten Bauten insbesondere auch durch seine „visionären" Entwürfe. In der berühmten Briefkorrespondenz der „Gläsernen Kette" hatte er sich mit gleichgesinnten Kollegen ausgetauscht und ihnen euphorisch geschrieben, es sei sein Ziel, „Phantasie – in Ekstase – ausstrahlen zu lassen"[4].

3 Wettbewerbsentwurf Börsenhof, Königsberg, 1922

Seine architektonische Haltung erläuterte er in einem Brief an den Architekturtheoretiker Adolf Behne und verglich die Abläufe in einem Kino mit dem Prozess der Verdauung – der Eingang sauge ein und die Räume entsprechen „Rachen, Magen und Hintern" –, und er ergänzte, dass er keinerlei Theorie anwende. Behne entgegnete ihm, „ein Bau soll organisch sein, aber niemals ein ‚Organismus' im Sinne der lebendigen Natur – weil er das nicht sein *kann*! [...] Meiner Ansicht nach muß gerade die dynamische Architektur unbedingt rationell, bis von Kälte einer Hundeschnauze, sein – sonst gerät sie in Dramatik!"[5]

Nach dieser Auseinandersetzung von 1923 konzentrierte sich Scharoun in seiner Architektur zunehmend auf eine Vermittlung zwischen Gegensätzen. „Der Mensch erfährt die Größe des Objekts und gleichzeitig Intimität. Er bleibt der Gemeinschaft verbunden und fühlt sich dennoch als Individuum."[6] Scharoun spricht vom Ausgleich entgegengesetzter Pole, er plane für den erdgebundenen sowie den nomadenhaften Menschen. Über das Ledigenheim in Breslau (Abb. 4) sagte er: „Ich wollte einen Ausgleich in dem Kräfte-Verhältnis zwischen dem Repräsentativen – mehr äußerlichen – und dem – auch seelischen – Wohnwert."[7] Die architektonische Spannung basiert auf dem Gegensatz einer strengen Reihung von effizienten Wohneinheiten in einem „sachlichen" Gebäudeflügel und dem kollektiven Bereich mit einer vollkommen anderen architektonischen Sprache von plastisch frei geformten Volumen. Und dennoch bilden die unterschiedlichen Teile eine Einheit, sowohl miteinander als auch mit der gestalteten Landschaft.

„Scharouns Schriften", erklärte Julius Posener, „erlauben es nicht, aus ihnen eine konsistente Theorie abzuleiten"[8], und dennoch entwickelte er ein äußerst komplexes, über Jahrzehnte in der praktischen Bautätigkeit gereiftes Entwurfssystem, mit dem er vollkommen neuartige Raumgebilde, wie den Saal der Berliner Philharmonie (Abb. 5),

5 Siehe Briefwechsel zwischen Scharoun und Behne vom Juni 1923, in: Pfankuch 1974, S. 38.
6 Hans Scharoun am 21.06.1956 anlässlich der Verleihung der Ehrendoktorwürde durch die Universität Rom, in: Pfankuch 1974, S. 140.
7 Hans Scharoun in einer Vorlesung an der TU Berlin am 28.04.1950, in: Pfankuch 1974, S. 88.
8 Julius Posener, Vorwort von Eckehard Janofske, *Architektur-Räume – Idee und Gestalt bei Hans Scharoun*, Braunschweig, Wiesbaden 1984, S. 7.

4 Ledigenheim, Werkbundsiedlung, Breslau, 1928–29, Gemeinschaftsbereich

9 Hans Scharoun über das Haus Möller, aus einer Vorlesung an der TU Berlin am 22.06.1950, in: Pfankuch 1974, S. 119.
10 Hugo Häring, „Arbeit am Grundriss", in: *Baukunst und Werkform*, Heft 5, 1952, S. 15–22.
11 Hugo Häring in einem Brief vom 09.02.1948, in: Pfankuch 1974, S. 182.

schuf. Für die Genese dieser Position waren aber auch sehr kleine und bisher kaum beachtete Bauwerke wichtig. Eine zentrale Rolle in der Entwicklung des Ansatzes, Gebäude konsequent von innen nach außen zu entwerfen, spielen die Einfamilienhäuser, die Scharoun in der Zeit des Nationalsozialismus realisierte. Auch wenn er bei der Gestaltung des Äußeren an die streng konservativen Bauvorschriften gebunden war, schuf er im Inneren vollkommen freie, „fließende" Raumabfolgen.

Über eines dieser Häuser sagte er: „Das Haus wurde sodann im Sinne Hugo Härings als ein Wohnleib, als ‚Hülle' für die Wohnvorgänge gebildet und so entstand die Gestalt – im Sinne des Organwerkes."[9] Als Theoretiker des organischen Bauens schrieb Häring: „Die gestellte aufgabe ist klar: es geht darum, das haus von innen her anzulegen, von den lebendigen vorgängen des wohnens auszugehen, und auch im aufbau von diesem prinzip vorzugehen. Das außen ist nicht mehr von vornherein gegeben, es ergibt sich erst, wie sich das außen in allem organwerk erst ergibt. [...] Wände werden auf diese weise kaum rechtwinklig zueinander stehen."[10] Zu Scharoun sagte Häring: „[Um] ihre philosophischen erlasse zu verstehen, muss man mit ihnen sehr herzlich befreundet sein, was ja nun nicht für alle menschen zutrifft. Und dann kann man sich auch nur ahnend an ihren sinn heranschleichen."[11] Die Entwurfsideen gehen immer von den Abläufen, Situationen und Lebensvorgängen in Räumen aus, so dass für jede Bauaufgabe eine spezifische Raumkonzeption angestrebt wird.

Beim Projekt für das Staatstheater in Kassel steht die unregelmäßig ausgreifende Form des Baukörpers in einem Gegensatz zur symmetrisch kompakten Gestaltung des Zuschauerraums (Abb. 2). Eine zentrale Rolle für das in der Bewegung erfahrene Raumerlebnis spielen die asymmetrisch angeordneten und in unterschiedliche Richtungen weisenden Treppenläufe im Foyer, die permanent veränderte Perspektiven auf die Architektur ermöglichen. Eine derartige Funktion der Treppenanlage hatte Scharoun

5 Begehbares Akustikmodell der Berliner Philharmonie im Maßstab 1:8

zuvor im Projekt für die Galerie Gerd Rosen entwickelt (Abb. 6), die X-förmig ausgebildet und im Zentrum des Gebäudes platziert ist und mit weiteren Treppenläufen an den Seiten kombiniert wurde, so dass die Bewegungsstruktur auf kleinstem Raum eine räumliche Komplexität bewirkt und auch die Gebäudeform insgesamt bestimmt.

Im Gegensatz zu Mies van der Rohe entwickelte Scharoun seine Architektur weniger aus einer effizienten Tragstruktur heraus als aus einem komplizierten Gebäudeschnitt, der diagonale Blickbeziehungen von einer Ebene in die nächste ermöglicht. Scharoun nutzte die konstruktive Möglichkeit des Stahlbetons, Wände nicht mehr zwingend nur übereinander anzuordnen. Wie bei Adolf Loos' Konzept des „Raumplans" verspringt das Bodenniveau, damit sich die Räume nicht an die Konstruktion anpassen, sondern umgekehrt. So ist auch in der Galerie Rosen das Fußbodenniveau des Obergeschosses in einem Teil höher als im anderen. Schon beim Ledigenheim in Breslau erstreckten sich die Wohneinheiten, auch wenn sie sehr klein waren, dennoch über jeweils drei Ebenen. Dies erreichte Scharoun, indem er den Bau in zwei Bereiche unterteilte und diese um ein halbes Geschoss in der Höhe voneinander versetzte. Mit diesem Konzept gestaltete er auch Einfamilienhäuser, die Häuser Moll (Abb. 7) und Scharf von 1936–38. In dem an sich nur zweigeschossigen Haus Moll verteilen sich die Räume auf insgesamt neun unterschiedlichen Ebenen. Er sagte: „Das Haus Moll entstand im Gegensatz zur Auswirkung des geometrischen Prinzips auf der Grundlage des Schachtelsystems."[12] Auf eine komplexe Art greifen die Räume ineinander. Scharoun arbeitete auch hier mit dem Landschaftsplaner Hermann Mattern zusammen, mit dem Ziel, eine Einheit aus Bauwerk und Garten zu schaffen.

12 Hans Scharoun in einem Vortrag vom 22.06.1950 in Berlin, in: Pfankuch 1974, S. 116.

Stadtlandschaft als Utopie

Während des Krieges 1939–45 zeichnete Scharoun Hunderte von Projekten (Abb. 8–11), die alle utopisch waren, da sie für keinen konkreten Ort geplant und auch kaum baubar

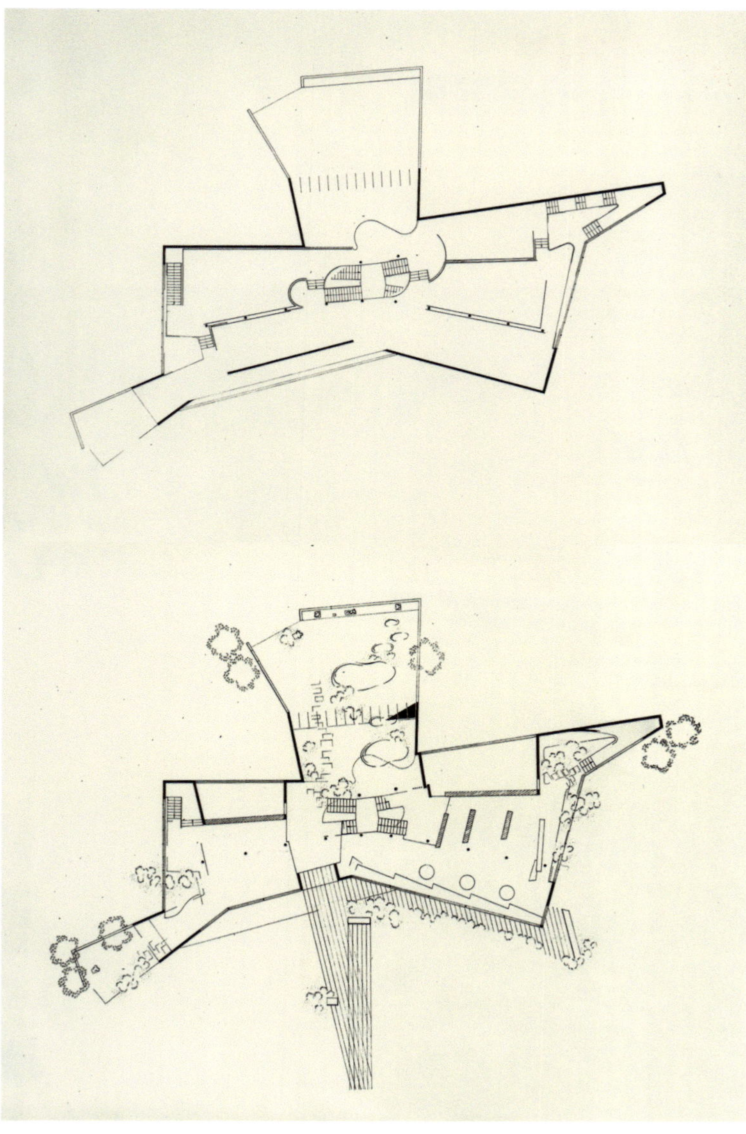

6 Ausstellungspavillon der Galerie Gerd Rosen, Hannover, 1948, Projekt, Grundrisse

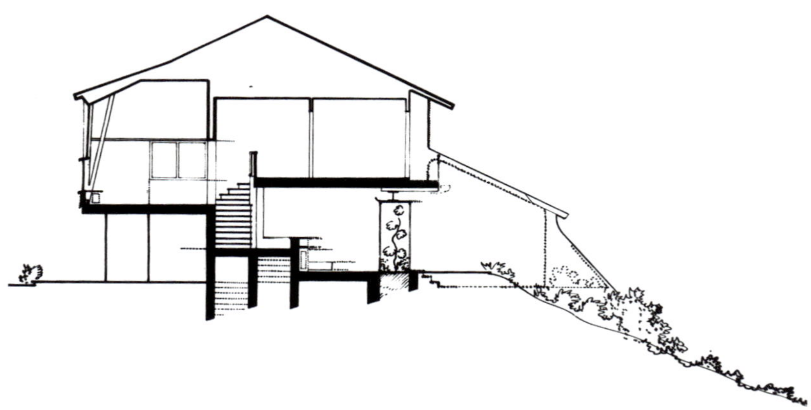

7 Haus Moll, Berlin, 1936–37, Schnitt

13 Dem „Planungskollektiv" gehörten neben Hans Scharoun auch Wils Ebert, Peter Friedrich, Ludmilla Herzenstein, Reinhold Lingner, Louisè Seitz, Selman Selmanagić und Herben Weinberger an.
14 Hans Scharoun in einem Vortrag vom 05.09.1946 in Berlin, in: Pfankuch 1974, S. 163.
15 Hans Scharoun, Erläuterung zum Wettbewerbsentwurf „Hauptstadt Berlin" 1957/58, in: Pfankuch 1974, S. 257.
16 Hans Scharoun zitiert in Margit Staber, „Hans Scharoun – Ein Beitrag zum Organischen Bauen", in: *Zodiac*, Heft 10, 1962, S. 75.

waren. Sie sind auch im gesellschaftlichen Sinne utopisch, denn Scharoun träumte von radikalen Veränderungen der gesamten Umwelt. Auf kühnen, weit auskragenden Konstruktionen sollten Plätze hoch über der Stadt schweben und Menschen über monumentale Treppenanlagen zu Tribünen gelangen. Bauwerke sollten zu Bergen und Stadtkronen werden, während dünne Membranhäute riesige Versammlungsräume umhüllen. Anders als die konventionell gestalteten Siedlungen, die Scharoun in der Zeit des Nationalsozialismus realisierte, formulierte er mit seinen Aquarellen – wenn auch nur im Privaten – eine architektonische Antithese zur Staatsdoktrin des Klassizismus.

Unmittelbar nach Ende des Krieges wurde Scharoun in Berlin als Stadtbaurat berufen und wenig später auch als Professor für Städtebau an der Technischen Universität. Er begann als Leiter einer Planungsgruppe[13] einen strategischen Gesamtentwurf für den Wiederaufbau der zerstörten Stadt auszuarbeiten, den „Kollektivplan". Präsentiert war eine radikal andersgeartete Stadt. Paradoxerweise konzentrierte sich die Planung nicht auf den notwendigen Wiederaufbau, sondern schlug vor, auch die noch erhaltenen Gebäude und Stadtstrukturen großflächig abzureißen, um Platz für eine vollkommen neu geordnete, dezentralisierte Stadt zu schaffen. Wenn Scharoun sagte, „das Gesamtsystem der Straßen folgt dem Urstromtal"[14], schlug er vor, den Stadtraum entlang des zentralen Flusses in Berlin, der Spree, aufzuweiten und zu begrünen, um Stadt und Topografie in einen versöhnenden Einklang miteinander zu bringen. Um die Stadtstruktur effizienter zu gestalten, orientierten sich die Planer an den Maximen der CIAM (Congrès Internationaux d'Architecture Moderne) mit einer Trennung der städtischen Funktionen von Wohnen, Arbeiten, Erholung und Verkehr.

Als einen ersten Baustein der neuen Stadt entwarf Scharoun das Projekt Wohnzelle Friedrichshain (Abb. 12, 13), frei vom historischen Stadtgrundriss, mit unterschiedlichen Wohntypologien, die in einer scheinbar unzusammenhängenden Weise nebeneinanderstehen. Die aufgelockerte Bauweise mit starker Durchgrünung, die Scharoun bereits in den Siedlungen Im Hottengrund und Im Eichengrund 1935–38 realisierte, übertrug er von der äußersten Peripherie ins Zentrum der Stadt, nun allerdings auch mit einer Einfamilienhausbebauung als wabenartiger Teppichstruktur, die sich aus gleichförmigen Wohneinheiten zusammensetzt. Scharoun begriff Architektur und Städtebau als eine Einheit. Das Bauwerk sollte sich nicht einer historischen Struktur unterordnen, sondern Gebäude und öffentliche Stadträume sollten zusammen entwickelt werden und sich gegenseitig bedingen. Die Voraussetzung hierfür war jedoch die Enteignung des Grund und Bodens. Auch ein Jahrzehnt später, als Scharoun einen weiteren städtebaulichen Gesamtplan für das Zentrum von Berlin entwarf, „Hauptstadt Berlin" 1957/58 (Abb. 14), erklärte er: „Natürlich können die notwendigen künstlerischen, strukturellen und wirtschaftlichen attraktiven Wirkungen nur realisiert werden, wenn der Grund und Boden in der Hand der Stadt oder einer auch dem allgemeinen Wohle verpflichteten Organisation ist."[15]

Der Wettbewerb „Hauptstadt Berlin" wurde ironischerweise vom Westen ausgelobt, während das Planungsgebiet zum Großteil im östlichen Sektor der Stadt lag und die Teilnehmer von einer städtischen Tabula-rasa-Situation ausgehen sollten. Scharoun erweiterte den zentralen Park des Tiergartens sowohl zu einem grünen Band entlang der Spree als auch über die zentrale Friedrichstraße hinaus, die als städtischer Raum verschwunden wäre, und gewann mit diesem Konzept der „Stadtlandschaft" den zweiten Preis des Wettbewerbs. Ein Fragment dieses Planungskonzepts konnte er am Kulturforum mit den Bauten der Philharmonie, Staatsbibliothek, Musikinstrumentenmuseum und Kammermusiksaal realisieren. Wie viele Architekten seiner Generation glaubte Scharoun fest an die Möglichkeit einer Neuerfindung der Stadt. Von seiner städtebaulichen Vision umgesetzt hat er in Berlin zudem die Großsiedlung Charlottenburg-Nord – realisiert im sozialen Wohnungsbau –, und er bezog dort auch selbst eine von ihm geplante Wohnung.

Für Scharoun war Architektur eine Disziplin des sozialen Engagements. Bauwerke sollten „eine Vorstellung von der Weise des Lebens vermitteln – wie Demokratie, als universales Prinzip, eine Weise des Lebens verwirklichen soll". So gehe es etwa bei einem Schulgebäude „um Erlebnisvermittlung und Bewusstseinsbildung, damit der Einzelne den echten Kontakt zum öffentlichen Leben und Beziehung zur politischen Gemeinschaft finden kann".[16]

Ein Großteil der Entwürfe von Scharoun, der sich an unzähligen Wettbewerben beteiligte, wurde nicht gebaut. Im Hans-Scharoun-Archiv der Akademie der Künste, Berlin, sind neben den utopischen Zeichnungen noch über 200 weitere unrealisierte Bauvorhaben

8–11 Aquarelle, 1939–45

dokumentiert, die in diesem Buch nicht behandelt werden, da die Entwicklung seines Werks anhand der Bauten nachgezeichnet wird. Offenbar war Scharoun mehr am Entwerfen als am Publizieren seines Werks interessiert, denn der erste Werkkatalog[17] entstand erst gegen Ende seines Lebens. Das Werkverzeichnis führte damals 215 Bauten und Projekte auf. 1974 gab der Scharoun-Mitarbeiter Peter Pfankuch mit *Hans Scharoun – Bauten, Entwürfe, Texte* in der Schriftenreihe der Akademie der Künste, Berlin, eine weit umfangreichere Sammlung heraus, und das Werkverzeichnis wurde um 35 Einträge erweitert. Dennoch sind auch in diesem Buch nur kaum die Hälfte von Scharouns Bauten dargestellt. In einer Neuauflage des Buches wurde das Werkverzeichnis 1991 abermals um weitere 91 Bauten und Projekte erweitert, und es wächst seitdem weiter.

Eine besondere Rolle in der Scharoun-Forschung spielt Peter Blundell Jones (1949–2016), der mit seiner Werkmonografie von 1978 und insbesondere der stark erweiterten Neuauflage von 1995 die wichtigsten Bauten analysiert und das Gesamtwerk dokumentiert hat. Zum 100. Geburtstag von Scharoun 1993 entstanden vier weitere Monografien, von Christine Hoh-Slodczyk, Norbert Huse, Günther Kühne und Andreas Tönnesmann, von Jörg C. Kirschenmann und Eberhard Syrig, von Johann Friedrich Geist, Klaus Kürvers und Dieter Rausch sowie von J. Christoph Bürkle. Seitdem erschienen zahlreiche weitere Buchpublikationen zu Einzelaspekten des Werks.

In diesem Buch werden nun erstmals sämtliche Bauwerke dokumentiert, bei denen die Urheberschaft Scharouns nachgewiesen ist und von denen Fotos überliefert sind bzw. die noch erhalten sind. Umbauten und Inneneinrichtungen werden nicht vollständig behandelt,[18] ebenso wenig Ausstellungsarchitekturen und Möbel. Sämtliche Farbfotos der Gebäude wurden zwischen 2011 und 2018 vom Autor aufgenommen, während die nur mit Schwarzweißaufnahmen gezeigten Gebäude mittlerweile zerstört sind.[19] Die Grundrisse der Wohnhäuser und der Wohnungen sowie die Lagepläne wurden vom Autor auf Grundlage der Pläne im Hans-Scharoun-Archiv sowie der Bauaktenpläne neu gezeichnet und werden hier einheitlich im Maßstab 1:250 bzw. 1:4000 gezeigt. Die

17 Heinrich Lauterbach (Hrsg.), *Hans Scharoun*, Berlin 1967, Publikation der Akademie der Künste, Berlin.

18 Als realisiert werden im Werkverzeichnis (Pfankuch 1974, S. 364–394) noch aufgeführt: Gemeindehaus in Kattenau, Siedlungshäuser in Insterburg, Umbau Haus Gutzeit, Umbau Wohnung Schminke, Ausstellungsstände der Anker-Teigwarenfabrik, Laden der Mosaikwerkstätten Müller-Oerlinghausen, Umbau Haus Benkhof, Umbau Haus Krüger, Umbau Haus Müller-Oerlinghausen, Umbau Amerika-Haus Bremerhaven, Galerie Bremer, Ladenanbauten Jungfernheideweg, Grabstelle Oskar Moll. Auch die Wiederaufbauplanung des Hauses Bernhardt in Berlin erfolgte in Scharouns Büro, wie die Unterlagen des Hans-Scharoun-Archivs belegen.

19 Eine Ausnahme bildet das Haus Gobert von 1924–25, das jedoch baulich sehr stark verändert wurde.

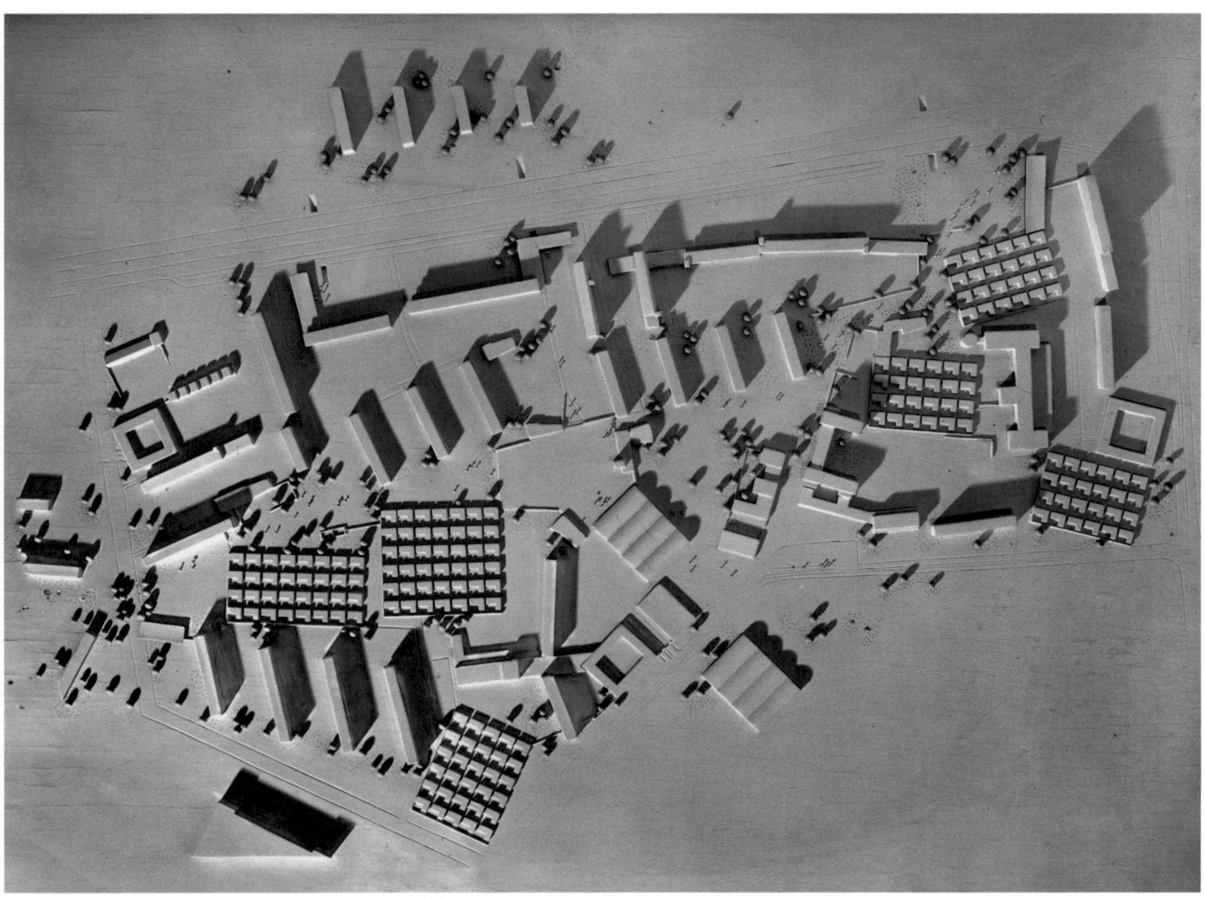

12 Wohnzelle Friedrichshain, 1949, Projekt

Grundrisse der Wohnbauten werden wie bei Scharoun üblich möbliert dargestellt. Die Pläne zeigen „organische" Gruppierungen von Funktionsbereichen. Sie zeigen, dass sich die Raumeinheiten in jedem Fall anders zusammenfügen, aber in der Gesamtentwicklung des Werks dennoch kontinuierlichen Mustern und Strukturen folgen. In seiner Architektur hat Scharoun gezeigt, dass die permanent anderen Raumkonstellationen nicht willkürlich sind, sondern einer Entwurfssystematik folgen. Dokumentiert wird hier eine Architektur, bei der die Form nicht am Anfang des Entwurfsprozesses steht, sondern am Ende.

13 Wohnzelle Friedrichshain, 1949, Projekt, Zeichnung Sergius Ruegenberg

14 Hans Scharoun mit Wils Ebert, „Hauptstadt Berlin", 1957/58, Projekt

HANS SCHAROUN: WEGE ZUM BAUEN

„Bauen ist Sinndeutung des Lebens."[1]

Eva-Maria Barkhofen

Für Hans Scharoun bedeutete Bauen ein lebensbegleitender, schöpferischer Vorgang. Dabei ging es ihm um die Realisierung einer für alle sichtbaren, menschlichen Ordnung. Wichtigstes Merkmal seines entwerferischen Vorgehens war die Anpassung des gebauten Lebensraums an die individuellen Ansprüche des Menschen, die ihrerseits den wirtschaftlichen und sozialen Bedingungen der Zeit unterworfen waren. Scharoun hat das Kleinsthaus ebenso funktional und menschengerecht entwickelt wie den Massenwohnungsbau, das gehobene Einfamilienhaus und die Bauten für kulturelle Zwecke. Es ging ihm, selbst in utopischen Entwürfen, stets um den harmonischen Gesamtklang von Raum, Form, Funktion, Material und Maßstab in der gegebenen Umgebung. Scharoun hat sich in zahlreichen Texten mit dem Thema „Organisches Bauen" auseinandergesetzt und immer wieder auf die Komplexität des Schaffensprozesses verwiesen. Schon um 1925 stellte er in einem Vortrag in Königsberg fest: „Die Baukunst vergeistigt das Material, indem sie dem Material innewohnende Kräfte benutzt, um aus der Statik dieser Kräfte wieder zum Raum zu gelangen, der in lebendigem Zusammenhang zur Umwelt steht."[2] Und in seiner Antrittsrede als Professor an der Staatlichen Akademie für Kunst und Kunstgewerbe in Breslau im selben Jahr setzte er das Wirken des Architekten in ein Verhältnis zur Zeitgeschichte: „Intuitiv gestaltet der Schaffende nach einem Impuls, der nicht nur seinem eigenen Temperamente entspricht, sondern der Zeit, der er dient, zum guten Teil eigen ist."[3] Bedeutsam war für Scharoun stets, dass die Architektur keinen akademischen Regeln folgte und der Entwurfsgedanke unabhängig von formalen Selbsteinschränkungen blieb: „Die Methodik junger Architektur ist rasch übersehen und erfasst: Zur Symmetrie tritt Asymmetrie, Rhythmisierung gibt die Möglichkeiten, ebenso wie die Straffung und Auflockerung der Fläche; [...] das Material bekommt statt seiner dekorativen oder schützenden Funktion den Wert des Eigenlebendigen."[4]

1 Hans Scharoun, Rede zur Verleihung seiner Ehrendoktorwürde in Rom am 21.06.1969, Akademie der Künste, Berlin, Hans-Scharoun-Archiv, Nr. 2906.
2 Maschinenschriftliches Manuskript eines Vortrags in Königsberg, undatiert, um 1925, Akademie der Künste, Berlin, Hans-Scharoun-Archiv, Mappe 5.9., ohne Seitenangabe.
3 Maschinenschriftliches Manuskript eines Vortrags ohne Datum, Akademie der Künste, Berlin, Hans-Scharoun-Archiv, Mappe 5.9., S. 9.
4 Maschinenschriftliches Manuskript: „Bauen, Schöpfung und Betrachtung", undatiert, Akademie der Künste, Berlin, Hans-Scharoun-Archiv, Mappe 5.9., ohne Seitenangabe.

1 „Kirche als Fels", Schülerzeichnung, 1910
2 „Die Moderne", Schülerzeichnung, 1910

Die Biografie des Baumeisters wurde maßgeblich von den beiden Weltkriegen und deren wirtschaftlichen Folgen bestimmt. Bernhard Hans Henry Scharoun wurde am 20. September 1893 als Sohn des Kaufmanns Bernhard Scharoun in Bremen geboren und wuchs in Bremerhaven auf. Er litt unter dem strengen Vater, der ihn als Juristen sehen wollte und ihm als Kind und Jugendlichen das Zeichnen verbot. Dennoch lernte er, vor allem durch die Freundschaft zu den Kindern des benachbarten Bauunternehmers Hoffmeyer und die Nähe zu den großen Werften, schon früh neueste Bautechniken kennen. So sind neben Bauentwürfen Schiffe erste Motive in überlieferten Zeichnungen des 16-jährigen Schülers. Schon die frühen Entwürfe lassen erkennen, dass er sich mit dem skulptural angelegten Raumbau auseinandersetzte, der von klar abgegrenzten Funktionen und formübergreifenden, fließenden Linien zugleich bestimmt wird. In dem 1910 konzipierten Umbau einer Kirche, die er selbst mit „Kirche als Fels" betitelte, fließen die Umrisse in zeltartigen Formen zusammen, die bereits im Grundsatz die Idee der 50 Jahre später entwickelten Philharmonie erkennen lassen (Abb. 1). In anderen Zeichnungen scheint sich die gesamte Kubatur geradezu zu verflüssigen, so wie in einer kleinformatigen Zeichnung vom Jahr 1910, die er mit „Die Moderne" betitelt hat (Abb. 2).

Erst nach dem Tod des Vaters im Jahr 1911 konnte sich sein Interesse an der Architektur und dem Zeichnen wirklich entfalten. Direkt nach dem Abitur nahm er 1912 das Architekturstudium an der Königlich Technischen Hochschule in Berlin auf. Da sich eine große Anzahl von Studienarbeiten aus dieser Zeit erhalten hat, kann man die Entwicklung des jungen Architekten und die Brüche, die er in seinen Entwürfen durchlaufen hat, sehr gut nachverfolgen. Auch Stilelemente des Art déco kommen in seinen frühen Studienentwürfen vor. Etwa sichtbar in einer Zeichnung für eine Kirche und dem Entwurf für ein Sommerhaus, beide von 1912 (Abb. 3, 4). Hier wird die Form ganz und gar auf kubische Umrisse reduziert. Während in dem Kirchenentwurf in ungewöhnlicher Weise die dekorativ angelegte Form weitgehend über die innere Funktion dominiert, zeigt sich der Sommerhausentwurf sehr traditionell.

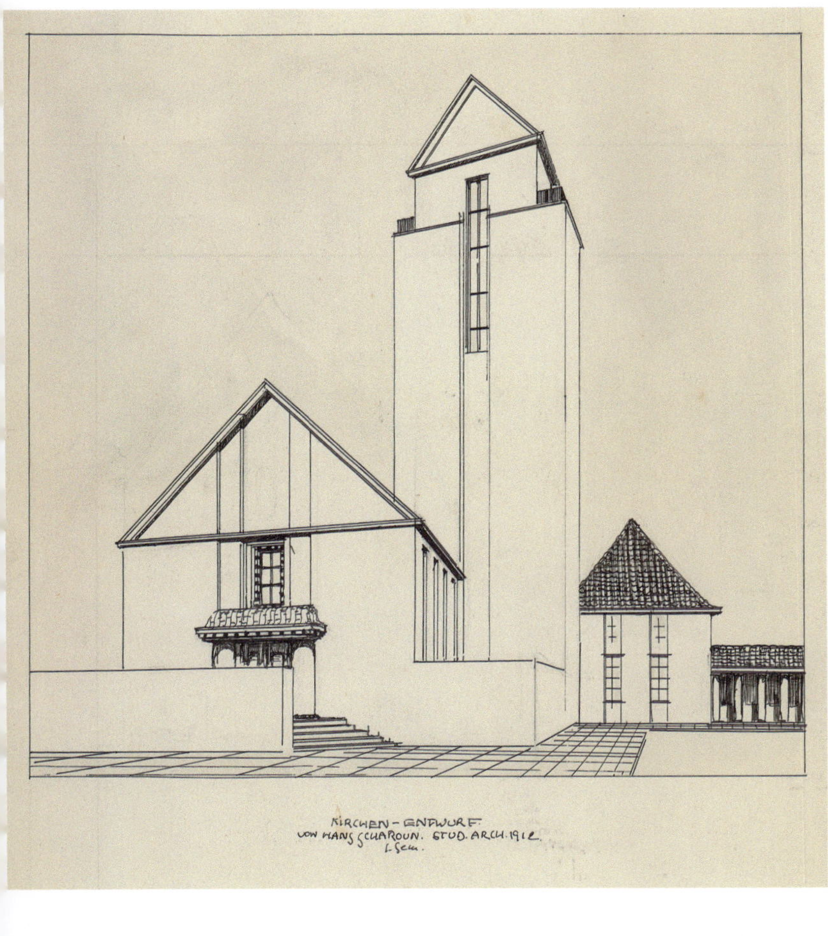

3 Entwurf für eine Kirche, Studentenzeichnung, 1912
4 Entwurf für ein Sommerhaus, Studentenzeichnung, 1912

Einblicke in die Baupraxis hatte ihm während des Studiums der Hochschulassistent Paul Kruchen, der Scharoun in seinem Büro in Berlin-Buch beschäftigte, ermöglicht. Er war es auch, der dem Studenten vermitteln konnte, was „die erstarrte Welt der Hochschule“[5] nicht an Praxisvermittlung zu leisten vermochte, und ihn im Ersten Weltkrieg nach Ostpreußen in eine Baukompanie vermittelte.

5 Hans Scharoun, in: *Neue Bauwelt,* Heft 8, 1947.

Scharouns eigenwilligen Umgang mit der großen Form und der Linienführung, die den gesamten Baukörper umfasst, zeigen zahlreiche Studienentwürfe bis 1913. So tritt etwa eine Kunsthalle (Abb. 5) dem Besucher mit monumentalen Eingangspylonen vor schmalem Tor geradezu brutal entgegen. Und in einer Zeichnung für ein Landhaus nimmt ein Mittelrisalit, der einem monströsen Schrankaufsatz ähnlich auf dünnen Stützen ruht, die gesamte Fassadenbreite ein (Abb. 6). Scharoun liebte es, geschwungene, formenverschleifende Linienführung in seinen Entwürfen einzusetzen. Wie aus einem Guss und doch in bewegtem Schwung erscheint das felsenartige Monument in einer Studentenzeichnung. Es schöpft zwar formal aus dem Repertoire der klassischen Architektursprache, vermittelt jedoch in der Komposition einen starken, fast brachialen Eindruck, den man in der Betonarchitektur der 1960er Jahre wieder verspürt (Abb. 7). Betrachtet man Entwürfe aus den frühen Studiensemestern, kommen noch traditionelle Formenelemente aus der Zeit um 1900, wie man sie etwa in Villen von Hermann Muthesius kennt, zum Tragen. Diese finden sich auch in den ersten realisierten Bauten, die er in Ostpreußen umsetzen konnte, zunächst wieder. So etwa im Gemeindehaus in Kattenau aus dem Jahr 1917, dessen Realisierung allerdings nicht verbrieft ist (Abb. 8). Fest steht, dass seine frühen realisierten Bauten in Ostpreußen sehr farbig angelegt waren.

Schon ab 1917 lassen Scharouns projektunabhängige Skizzen den Einfluss der von kristallinen Formen und Farbe geprägten expressionistischen Architektur erkennen.

5 Entwurf für eine Kunsthalle, Studentenzeichnung, 1912
6 Entwurf für ein Landhaus, Studentenzeichnung, 1913

6 Lebenslauf, Akademie der Künste, Berlin, Hans-Scharoun-Archiv, Mappe 1.12.2.
7 Vortrag im Sender Freies Berlin vom 14.03.1964, zitiert nach: Peter Pfankuch (Hrsg.), *Hans Scharoun – Bauten, Entwürfe, Texte*, Berlin 1993, S. 15.
8 Brief und Postkarte von Adolf Behne an Scharoun nach Insterburg, vom 08.06. und 18.06.1923; Antwort von Scharoun vom 11.06.1923, Akademie der Künste, Berlin, Hans-Scharoun-Archiv, Kasten 26, Mappe 4.3, S. 8–20.

Scharoun war nach dem Ende des Ersten Weltkriegs kurz nach Berlin zurückgekehrt, nahm jedoch das unterbrochene Architekturstudium nicht wieder auf. Am 1. April 1919 eröffnete er, ohne einen Studienabschluss erlangt zu haben, ein Architekturbüro in Insterburg, das er bis 1925 führte, währenddessen er zeitweilig den Leiter des dortigen Stadtbauamts vertrat.[6]

Er schloss sich zugleich den in Berlin neu gegründeten progressiven Künstler- und Architektengruppen, dem „Arbeitsrat für Kunst“ und der „Novembergruppe“, an und nahm an der von Bruno Taut 1919 ins Leben gerufenen utopischen Briefgemeinschaft „Gläserne Kette“ teil. Die Fantasie des jungen Architekten lebte sich in Entwürfen aus, die die neue Freiheit des Bauens nach dem Ende des Kaiserreichs widerspiegelten.

Scharoun erinnert sich in diversen Manuskripten und Vorträgen an die Zeit nach dem Ersten Weltkrieg. So an die Zeit des Expressionismus: „Die Frage nach der neuen Wirklichkeit, nach der neuen Gestalt des Gemeinsamen war gestellt. [...] Jeder von uns versuchte sein Weltbild mitzuteilen. Hier begann das neue Thema des ‚Organischen Bauens‘.“[7] Über die Begriffsbestimmung der „Organischen Architektur“, deren Grundsätze Scharoun vor allem in Gesprächen mit dem befreundeten Architekten Hugo Häring entwickelte, kam es 1923 zu einer heftigen Auseinandersetzung mit dem Kunstkritiker Adolf Behne, der ihm „biologischen Relativismus“ vorwarf.[8] Scharoun rechtfertigte die kritisierten Zeichnungen für ein Kino entschieden. Die organische Formgebung und Raumausprägung seien im Zweck des Baus und in dessen Baumaterial begründet. Dennoch führte dieser Disput offenbar dazu, dass Scharoun danach keine seiner visionären Zeichnungen mehr zu Ausstellungen hergab und zunächst keine freien Entwürfe mehr zu Papier brachte. Seine Beiträge zu Bauwettbewerben aus dem Beginn der 1920er Jahre zeigen jedoch weiterhin expressive,

7 Studentenentwurf, 1913
8 Gemeindehaus in Kattenau/Ostpreußen, 1917

stark farbige Zeichnungen, darunter der Entwurf für ein Theater in Gelsenkirchen von 1920, aus dessen Bauensemble sich ein ananasartiger Kuppelbau emporzuheben scheint (Abb. 9). Dass die Fantasie den jungen Architekten nicht selten stark beeinflusste, zeigt ein Aquarell, das die Beschriftung trägt „Haus nächtlicher Freude" und deutliche erotische Motive enthält (Abb. 10).

9 Hans Scharoun, in: *Bau- und Wohnung*, Stuttgart 1927, S. 109.

Während der Tätigkeit Scharouns als Professor an der Kunstakademie in Breslau, die im Jahr 1932 aufgrund der Schließung durch die preußische Notverordnung abrupt endete, entstanden einige auf seine spätere Architektur grundlegend Einfluss nehmende Bauten nach dem Prinzip des organischen Bauens. Hervorzuheben sind das Einfamilienhaus in der Weißenhofsiedlung in Stuttgart von 1927 und das „Heim für Ledige und kinderlose Ehepaare", das 1929 in nur 14 Monaten Bauzeit in Breslau errichtet wurde. Die Lösung für sein Haus Nr. 33 in der Weißenhofsiedlung sei aus Freude am Spiel mit den neuen Materialien und neuen Forderungen an den neuen Raum gefunden worden. Der neue Typ eines „Apartmenthauses für Ledige und kinderlose Ehepaare" auf der Ausstellung „Wohnung und Werkraum" in Breslau folgte dem Gedanken, junge Menschen individuell und doch in einer Gemeinschaft zusammenleben zu lassen. Große Räume wie der Speiseraum mit Küche, der offene Eingangsbereich und die Dachterrassen halfen die soziale Funktion des Wohnens aufzuwerten. Scharoun war durchaus bewusst, dass es aufgrund des Ersten Weltkriegs eine Unterbrechung in der Entwicklung des Bauens gegeben hatte: „Man lernte anstatt in Grundstücken in Baublöcken und sogar in Stadtvierteln zu denken."[9]

Aufgrund fehlender Bauaufträge kehrte er 1932 nach Berlin zurück und führte sein Architekturbüro in der Passauer Straße weiter. Er fand als einer der Moderne verpflichteter Architekt im NS-Staat wenig für ihn attraktive Bauvorhaben und hielt sich weitgehend mit Privataufträgen über Wasser. Und während des Zweiten Weltkriegs begann

9 Wettbewerbsentwurf für ein Theater in Gelsenkirchen, 1920

10 Johann Friedrich Geist, Klaus Kürvers, Dieter Rausch, *Hans Scharoun – Chronik zu Leben und Werk*, Berlin 1993, S. 78.

er wieder projektunabhängig zu zeichnen: „Vom Ausbruch des Krieges an bis zur Kapitulation entstanden Tag für Tag Zeichnungen, Aquarelle, Entwürfe. Sie entstanden aus Selbsterhaltungstrieb und aus dem Zwange, sich mit der Frage der kommenden Gestalt auseinanderzusetzen."[10] Er nutzte das Medium der freien Architekturzeichnung, um sich mit der Zukunft des Wohnens und einer neuen, von Technologie beherrschten Zivilisation auseinanderzusetzen, die er jenseits des Zweiten Weltkriegs vorhersah (Abb. 11). In den mehrere Hundert Zeichnungen umfassenden Entwürfen, die zwischen 1939 und 1945 entstanden sind, breitet Scharoun die Vielfalt der Formen aus und erprobt die technischen Möglichkeiten der Umsetzung bildnerisch. Wie etwa in dem spielerischen Entwurf für ein Kleinhaus (Abb. 12), das sich nach dem Krieg in den Entwürfen für die Wohnzellen in Berlin-Friedrichshain wiederfinden lässt.

Über seine besondere Situation als Architekt im Zweiten Weltkrieg sprach Scharoun im Mai 1947: „[1933] war nur noch ein privates Bauen möglich. Ich führte verschiedene Bauaufträge für zwar sehr reizvolle, aber nicht allzu bemittelte Bauherren aus, so dass finanziell nicht viel dabei herauskam. Vor 1933 habe ich für verschiedene Baugesellschaften – GEHAG, Baugeschäft Jakobowitz (jüdisch) usw. – gearbeitet. Die Gesellschaften konnten zwar nach 1933 noch weiter bauen, aber nicht mehr mit uns, sondern mit Leuten mit Beziehungen. [...] Es blieben dann nur noch wenige Menschen, die den Mut hatten, sich von mir Villen bauen zu lassen. Die Bauherren waren Leute, die irgendwie vom Bauen und moderner Architektur besessen waren. Eines der schönsten Häuser ließ sich ein Makkaronifabrikant Schminke in Löbau-Sachsen von mir bauen. [...] Ein weiterer Bauherr war Baensch, Syndikus bei der AEG. Das war 1934. Hier hatten wir sehr viel Widerstände zu überwinden, bis wir überhaupt die Genehmigung zum Bau bekamen. Wir haben ausgerechnet, dass Baensch allein 500 km nach Potsdam [zur Baubehörde] gefahren ist. Zuerst kam eine Kommission von ca. 20 Mann auf das Grundstück, Verwaltungsbeamte, Baupolizei usw. Der Bauplan wurde natürlich beanstandet.

10 Architektonische Utopie: „Das Haus nächtlicher Freude", um 1921

11 Utopische Zeichnung, zwischen 1939 und 1945

11 „Bericht über eine Unterhaltung geführt zwischen Herrn Prof. Scharoun und Prof. Lehmann-Haupt am 27. Mai 1947 in Berlin", Akademie der Künste, Berlin, Hans-Scharoun-Archiv, Mappe 1.12.3.
12 Brief vom 25.07.1961, Akademie der Künste, Berlin, Hans-Scharoun-Archiv, VW 124, Mappe Ergänzungen, ohne Seitenangabe.

Ein glücklicher Zufall kam uns zur Hilfe. Baensch hatte einen Freund im Büro Meissner (Jurist), der ihm erzählt hatte, Hitler hätte einmal geäußert, wenn er sich ein Haus bauen lassen würde, dann mit einem bayerischen Dach. Von der Kommission wurde ein viereckiges Haus verlangt. Mein Plan war unregelmäßig, dem Gelände angepasst und das Dach mit einem gewissen Gefälle geplant. Das war von mir eine Konzession, um das Gefälle des ‚bayerischen Dachs' zu demonstrieren. […] Mein ‚bayerisches Dach' hatte ca. 20–23°. Es dauerte ein halbes Jahr bis wir die Genehmigung erhielten."[11] Scharoun argumentiert, dass die Dächer in Süddeutschland flacher geneigt sind als in Norddeutschland und er sich so an das bayerische Maß angenähert hat.

Scharoun schrieb Hans Nadler, Leiter des Instituts für Denkmalpflege in Dresden, 1961 von der Genese des Hauses Schminke in Löbau und dem Umfang seiner Entwurfsleistungen, die auch die Möblierung umfassten. Der Brief enthält eine interessante Bemerkung über die geplante künstlerische Raumgestaltung: „Von mir geplant wurden die Einbauschränke vor den Schlafräumen und die Möbel für Wohn- und Essraum sowie die Beleuchtungskörper, Vorhänge u.s.w. An Bildern waren vorhanden oder kamen im Laufe der Zeit hinzu: Graphik von Nolde, Franz Marc und Otto Müller, je ein Ölgemälde von Oskar Schlemmer und Schmolling (Ostpreußen). Für ein Wandbild von Schlemmer war eine Vorlage vorhanden, es kam aber nicht mehr zur Ausführung."[12] Im Grund- wie im Aufriss sind in diesem Haus von jedem Standort aus andere Raumbezüge, Verschiebungen der Achsen und variierende Lichtverhältnisse erfahrbar. Der Raum selbst scheint nicht statisch, sondern der Bewegung und Tätigkeit der Nutzer zu folgen, sich ihnen einzufügen.

Scharoun hatte von Jugend an in vielen Zeichentechniken gearbeitet. Im Archiv sind Zeichnungen in Grafit, Kohle, Buntstift, Pastellkreide und Tusche sowie Aquarelle und Gouachen auf Transparent- und Zeichenpapieren erhalten. Bemerkenswert ist seine

12 Entwurf für ein Kleinhaus, zwischen 1939 und 1945

Herangehensweise an eine Baugestalt. In seinen ersten Skizzen näherte er sich der Form suchend in Strichbündeln, sichtbar etwa in der Urskizze für die Philharmonie (Abb. 13). Ein Aquarell dagegen entstand mit wenigen großen Pinselstrichen, und die Präsentationszeichnungen leben von der Darstellungskraft des nur mit den notwendigsten, jedoch genau angelegten Details versehenen Entwurfsgedankens. Scharoun verwahrte sich schon früh gegen die perfekte Architekturzeichnung. Er empfand das Schaubild als Fessel dahingehend, als es zur Bildermalerei führte, hinter der die Intuition des Architekten zurückstand. Scharouns Meinung zur Folge sollte der Künstler allein seiner eigenen Intuition folgen und nicht dem Mainstream der Zeit, wobei Scharoun die Nutzung aktueller Bautechniken sehr wohl stets mit einbezogen sehen wollte.

Scharoun wurde nach Kriegsende, wie zunächst alle arbeitsfähigen Architekten, für notwendige Wiederaufbaumaßnahmen gebraucht. Zunächst verrichtete er diese für den Magistrat von Groß-Berlin als Stadtbaurat. Nach Gründung der DDR legte er den Schwerpunkt auf die Lehre an der Technischen Universität in West-Berlin und seine eigene Bautätigkeit. Er war zudem an der Gründung der in West-Berlin 1954 neu installierten Akademie der Künste beteiligt und war von 1956 bis 1968 deren erster Nachkriegspräsident. In dieser Zeit wurde der Neubau der Akademie im Hansaviertel durch das Akademiemitglied Werner Düttmann errichtet. Scharoun initiierte zahlreiche Ausstellungen in den neuen Ausstellungshallen und knüpfte Kontakte zu Künstlern und Architekten.[13]

Seine auf Papier gebannten Utopien hatten nach Kriegsende endgültig ihr Ende gefunden. Die Lehre und zahlreiche Bauaufträge ließen dafür keine Freiräume mehr. Auch wenn er über Jahrzehnte den Schwerpunkt seiner Tätigkeit auf die Entwicklung städtebaulicher Konzepte gelegt hatte, so sind es die Einzelbauten, die seinen Ruf als Vertreter des organischen Bauens international verbreitet haben.

13 Auch im Historischen Archiv und im Baukunstarchiv der Akademie der Künste, Berlin, sind Dokumente aus der Präsidentschaftszeit Scharouns überliefert. Intensive Kontakte hielt er unter anderem zu den Architekten und Mitgliedern Bartning, Baumgarten, Döcker, Düttmann, Eiermann, Fehling, Gutbrod, Häring, Hebebrand, Hermkes, Hertlein, Krahn, Lauterbach, Linde, W. Luckhardt, May, Paul, Pfau, Riemerschmid, Riphahn, Ruf, Schwagenscheid, Schwarz, Schweizer, Schwippert, Max Taut.

13 Urskizze für die Philharmonie, Berlin, 1957
14 Skizzen für das Gästehaus auf dem Kulturforum, zwischen 1964 und 1968

14 Scharoun am 14.10.1960 auf einem Vortrag auf der Triennale in Mailand, in: Pfankuch 1993, S. 252.
15 Akademie der Künste, Berlin, Hans-Scharoun-Archiv, WV 187 Romeo und Julia, Mappe 1959.
16 Scharoun, Manuskript betitelt „Musik im Mittelpunkt. Bemerkungen zum Neubau der Berliner Philharmonie", vom 29.07.1957, in: Pfankuch 1993, S. 279.
17 Pfankuch 1993, S. 342.
18 Die Zahl der umgesetzten Bauvorhaben Scharouns gibt den Stand des Katalogs von 1993 wieder, der noch nicht endgültig verifiziert werden konnte.
19 Eberhard Roters, in: *Der Abend*, 28.11.1972.

Scharoun gelang es, das über Jahrzehnte hinweg entwickelte Konzept des Raum-Baus in diversen Projekten umzusetzen. Seine beiden Schulen in Lünen und Marl in Nordrhein-Westfalen sind bis heute nicht nur architektonische, sondern auch baupädagogische Meilensteine in der Schularchitektur. Die Grundanlage der Schulen – in den „Darmstädter Gesprächen" 1951 zugrunde gelegt – bilden die Pavillonsysteme, die ein offenes Miteinander und die Bildung von Kleinstgemeinschaften gleichermaßen möglich machen. In Lünen sind es die Schulwohnungen – bestehend aus Klassenraum, Gemeinschaftsraum, Garderobe und Freiplatz –, in der die Klassengemeinschaft eine Art Familie bildet, um geschützt das Wesen einer sozialen Familie auch außerhalb der biologischen Familie zu erfahren.[14] Den drei Altersstufen der zehn- bis achtzehnjährigen Kinder gemäß konzipierte er drei unterschiedliche Wohnformen. In Marl ist das Pavillonsystem um einen „Raum der Mitte", den Versammlungsplatz der Schüler, angeordnet, um die sich die Funktionsräume in einer Art „Aufgabenkreis" anordnen. Die Gesamtanlage wurde so konzipiert, dass ein Maßstabswechsel von der Kleinräumigkeit bis hin zum großen, zentralen Saal eine multifunktionale Nutzung erlaubt.

Nachdem Scharoun 1958 als Professor der TU Berlin emeritiert wurde, zog er 1960 in eine von ihm erbaute Atelierwohnung in die Siedlung Charlottenburg-Nord, arbeitete jedoch unermüdlich weiter. Es entstanden Ende der 1950er Jahre seine ersten Hochhäuser im Stuttgarter Raum nach demselben Prinzip wie die Einfamilienhäuser. Der Architekt erläuterte anlässlich der Eröffnung des Hochhauses „Julia" am 12.09.1959 sein Entwurfsvorgehen: „Diese Bauwerke sind nicht ein Produkt des geometrischen Prinzips und auch nicht ein Produkt der Perfektion, welches so schnell und so leicht im Formalismus und im Ästhetischen endet. Diese Bauwerke wollen Raum lassen für die Improvisation. [...] So ist die Gestalt dieser Bauwerke nicht nur künstlerisch begründet, sondern zutiefst mit dem Wesen MENSCH verbunden. [...] Betrachten Sie diese Welt nicht als endgültige Form, sondern als einen Anfang, als ein noch Vollziehbares."[15]

Das Konzerthaus für die Berliner Philharmoniker ist bis heute das bekannteste und am meisten gewürdigte Werk Scharouns. Er begründete die Form des großen Konzertsaals damit, dass Musik in den Mittelpunkt einer Gemeinschaft gehöre, da es in der Gewohnheit von Menschen läge, sich in einem Kreis um Musizierende zusammenzuschließen. Mensch und Musik finden hier zu einem einzigen Klangerlebnis zusammen. Aus den Anforderungen an den Konzertsaal ergab sich die Organisation aller untergeordneten Räume, die, laut Scharoun, nur auf flüchtige Benutzung eingestellt sind: „So steht das ‚Flüchtige' in einem Spannungsverhältnis zum ‚Verweilenden' – zur feierlichen Gelassenheit des im wahrsten Sinne des Wortes das Bauwerk krönenden Konzertsaals."[16] Scharoun hatte die Philharmonie und die Staatsbibliothek in ein Ensemble auf dem Kulturforum unter Einbeziehung der Nationalgalerie Mies van der Rohes und anderer Museen eingefügt. Darunter entwarf er auch ein Gästehaus (Abb. 14), das nie umgesetzt wurde, obwohl das Preisgericht des Wettbewerbs Staatsbibliothek am 09.07.1964 geurteilt hatte: „Die städtebauliche Konzeption dieses Entwurfs ist meisterhaft. Jedem einzelnen Bauwerk des kulturellen Zentrums am Kemper-Matthäikirchplatz wird die ihm gebührende Bedeutung zugemessen."[17] Die Vollendung der Staatsbibliothek erlebte Scharoun nicht mehr, und der Kammermusiksaal, zu dem nur wenige Skizzen aus seiner Hand überliefert sind, wurde von seinem langjährigen Partner Edgar Wisniewski geplant und umgesetzt.

Das Werkarchiv, das Hans Scharoun noch in seinem Todesjahr, 1972, der Akademie der Künste in Berlin geschenkt hat, ist bis heute das umfangreichste und bedeutendste im Baukunstarchiv. Insgesamt sind aus der Zeit zwischen 1909 und 1972 ca. 25.000 Pläne und Zeichnungen, rund 14.000 Fotografien und 60 Meter Schriftgut zu 331 Bauvorhaben überliefert, von denen einschließlich Ausstellungen, Ladeneinrichtungen und dergleichen rund 90 realisiert wurden.[18]

Eberhard Roters schrieb in seinem Nachruf auf Scharoun: „Sah ich Scharoun, hatte ich den Eindruck, er horche auf etwas, das noch nicht da sei. Im Vergleich zwischen seiner Statur und der seiner Philharmonie erkannte ich eine eigenartige Ähnlichkeit: Nach außen hin voller Vielfältiges umschließender Ruhe, nach innen voller Resonanz der Klänge."[19]

Hans Scharoun hatte von Anbeginn seiner Tätigkeit als Architekt seiner Zeit stets weit vorausgedacht. Auch wenn die Mehrzahl seiner Entwürfe nicht umgesetzt werden konnten, seine Philosophie hatte er bereits auf einem seiner Schülerentwürfe (Abb. 1) verewigt: „Ein selbstständiger Architekt soll sich nicht von Sensationen, sondern von Reflektionen leiten lassen."

NOTKIRCHE

Walterkehmen/Ostpreußen, 1916–17, zerstört

Ostpreußen war die einzige deutsche Region, in der aufgrund von Zehntausenden zerstörter Häuser im Ersten Weltkrieg kein Baustopp galt. Bereits 1915 wurde mit dem Wiederaufbau begonnen. Scharouns Lehrer an der Technischen Hochschule Berlin-Charlottenburg, Paul Kruchen, hatte eine durchschlagende Idee der Organisation des Wiederaufbaus[1] und wurde nach Ostpreußen berufen. Den jungen Scharoun nahm er in sein Bauberatungsamt nach Gumbinnen und später nach Insterburg mit. Während sich Kruchen der Verwaltung widmete, fiel Scharoun – noch ohne Studienabschluss – insbesondere die Entwurfs- und Ausführungsarbeit zu.

Über hundert Kirchen und Pfarrhäuser aller Konfessionen waren geplündert und zerstört, Notkirchen entstanden in bestehenden Gebäuden wie Schulen und Speichern. In Walterkehmen entwarf Scharoun als Ersatz für die beschädigte Kirche aus dem frühen 18. Jahrhundert den ersten Notkirchen-Neubau in Ostpreußen, der später als Gemeindehalle dienen sollte.[2] In Sichtweite der alten Kirche und des Bahnhofs öffnet sich der schlichte Bau nur zu den Seiten. Die kleinen Fenster links und rechts des Eingangsportals und das hohe Ziegeldach betonen den Baukörper in einer Geste des Bergenden. Im Inneren der quergelagerten Halle[3] von etwa 20 mal 10 Metern war Platz für knapp 300 Menschen; der Altar lag in einem Anbau gegenüber des Eingangs.

Dimitri Suchin

1 Im „System Kruchen" wurden erstmals der produktive Einsatz und das Anlernen von Bauberufen durch Kriegsgefangene erprobt. Die meisten Arbeiten des Wiederaufbaus erfolgten auf diese Weise.
2 In den bisherigen Veröffentlichungen wurde der Bau irrtümlich als Umbau einer Reithalle bezeichnet. Scharoun baute tatsächlich eine Reithalle zu einer Notkirche um, allerdings in Szirgupönen.
3 Die Decke wird als Holzgewölbe vom Dachstuhl gehangen haben, wie es seit Beginn des protestantischen Kirchbaus in Ostpreußen beliebt war. Beispielhaft für quergelagerte überwölbte Säle waren die Burgkirche in Königsberg und deren Vorbild, die Nieuwe Kerk in Den Haag. Scharoun schlug eine derartige Lösung bereits 1914 für das Kreishaus in Angerburg vor.

Straßenansicht mit Eingangsportal

GUTSHAUS THIERFELDT

bei Gumbinnen/Ostpreußen, 1917–18, zerstört

Es handelt sich um den Wiederaufbau eines im Kriege zerstörten Gebäudes. Der Hof von Wilhelm Thierfeldt lag an der Straße zwischen Gumbinnen und Goldap. Die Tochter Marie Thierfeldt hatte eine Lehre als Weberin abgeschlossen, als sie den gleichaltrigen Scharoun kennenlernte, der an das Bauberatungsamt in Gumbinnen und Insterburg kam. Auf Scharouns Empfehlung studierte sie später am Bauhaus in Weimar und Dessau.[1] Wie bei der Notkirche in Walterkehmen handelt es sich um einen konventionellen Bau, der mit einem repräsentativen Mittelrisalit versehen wurde.[2] Die Dimensionierung des Baukörpers und auch die Asymmetrie waren offenbar durch den Vorgängerbau bestimmt. Das Haus ruht auf einem Sockel aus massiven Feldsteinen, der die Außentreppe an der Hofseite umfasst.

1 Silke Osman, „Erinnerung an die Webmeisterin Marie Thierfeldt aus dem Kreis Gumbinnen", in: *Das Ostpreußenblatt*, 1998.
2 Über dem Hauseingang stand der Hausspruch: „Des alten Herren Lebensmut – Mariens gute Braten – Scharouns Gestaltungswut – von Telgemann beraten – schufen im Weltkriegsgebraus – dieses Haus."

Straßenseite der Gutsanlage
Hofansicht des Gutshauses

DOPPELHAUS PREGELSTRASSE

Insterburg/Ostpreußen, 1920, zerstört

1 Eine Zeichnung der Anlage hatte Scharoun mit „Siedlung ‚Pregelstraße', Gruppe 3" beschriftet. Akademie der Künste, Berlin, Hans-Scharoun-Archiv, Mappe WV 20.

Neben diesem Doppelhaus schuf Scharoun im Areal von Ufergasse, Flutgasse und Pregelstraße noch weitere Wohnbauten, die er als „Siedlung"[1] bezeichnete. In einer Zeichnung hatte Scharoun die Fassaden schwarz, das Traufgesims gelb, Fensterumrahmungen orange und grün, die Tür orange und den Mauerwerkssockel rot koloriert. Die Pergola am Eingang war berankt dargestellt. Eine ähnliche Farbigkeit und eine ähnliche asymmetrische Gruppierung der Baukörper sowie eine ähnliche Detaillierung der Bauteile finden sich in der Siedlung Falkenberg, der „Tuschkastensiedlung" in Berlin von 1913–16, entworfen von Bruno Taut, mit dem Scharoun im Jahr 1920 durch den Briefwechsel der „Gläsernen Kette" im Austausch stand. Das entwerferische Vorgehen von Scharoun ist bei diesem Doppelhaus nicht nur an den dekorativen Details zu erkennen, wie dem Rautenmuster im Gartentor und der eigenwilligen Form der vertieften, farbigen Felder neben den Fenstern, die Fensterläden imitieren, sondern auch an der konkaven Krümmung des Baukörpers.

Häusergruppe mit Eingangspergola

SIEDLUNG „BUNTE REIHE“

Insterburg/Ostpreußen, 1920–24

Die Stadtrandsiedlung Kamswyken, die als „Bunte Reihe“ bekannt geworden ist, wurde vom Insterburger Bürgermeister Otto Rosencrantz initiiert, der 1919 zusammen mit Scharoun und anderen den „Aufruf zum farbigen Bauen!“ in der Zeitschrift *Bauwelt* mitunterzeichnete. „Farbe ist Lebensfreude“ war die Divise. „An Stelle des schmutziggrauen Hauses im Freien trete endlich wieder das blaue, rote, gelbe, grüne, schwarze, weiße Haus in ungebrochener, leuchtender Tönung.“[1] Die Siedlung wurde die erste Umsetzung des Aufrufs.[2] Die Bauherren waren die Beamten-Wohnungsbaugenossenschaft, die Reichsbahn und die Kleinsiedlungsgesellschaft.

Auf den Feldern am Stadtrand legte Scharoun von Norden nach Süden zwei gespiegelte bunte Gebäudezeilen an. In Stufen leicht vor- und zurückspringend folgt die Stichstraße dem Modell eines Dorfangers. Stadtseitig an der Hauptstraße schirmte Scharoun diese Zeilen durch höhere querverlaufende Gebäude ab. Zwei platzartige Räume ließ er jeweils am Eingang zur Siedlung und zur Stichstraße entstehen, der eine rund, der andere quadratisch, mit zwei Stadtvillen als Tor zum Anger. Aus dem Gedanken der Selbstversorgung bekam jeder Bewohner hinter seinem Haus einen Nutzgarten mit Schuppen und Stall.

Die Reihenhäuser verbinden die Einheitlichkeit des Grundrisses – flurlos, große Wohnküche, interne Zirkulation – mit unterschiedlich detaillierten und verschiedenfarbigen Fassaden. Die Primärfarben Rot, Gelb und Blau wechseln sich in der Reihe rhythmisch ab; ihre Fenster sind nochmals bunt abgesetzt. Die Hauseingänge mit geschossübergreifenden Putznischen in expressiv-zackigen Fantasieformen steigern die Polychromie und schaffen Individualität in einer sich wiederholenden Typologie. Die Vierzacksterne der Treppen, Haustüren und Brandmauern schickte Scharoun von Insterburg an die Architektenkollegen der „Gläsernen Kette“.[3]

Das nordwestliche Riegelgebäude wurde zerbombt, doch die anderen Bauten blieben so, wie sie 1926 auf der Ausstellung „Die farbige Stadt“ präsentiert wurden. Seit 2017 gilt die Siedlung in Russland als „Denkmal von gesamtstaatlicher Bedeutung“.

Dimitri Suchin

1 „Aufruf zum farbigen Bauen!“, in: *Bauwelt*, 18.09.1919, Titelseite.
2 Vorbild war Bruno Tauts Siedlung Falkenberg in Berlin, als „Tuschkastensiedlung“ bekannt.
3 Dimitri Suchin, „Reform – Revolution – Rekonstruktion“, in: Tatjana Malinina (Hrsg.), *Massenwohnungsbau als schöpferische Aufgabe*, Moskau 2015, S. 80–98, 158–167, 493–494.

Zugang zur Siedlung von Insterburg
Selbstversorgergärten mit Stallgebäuden

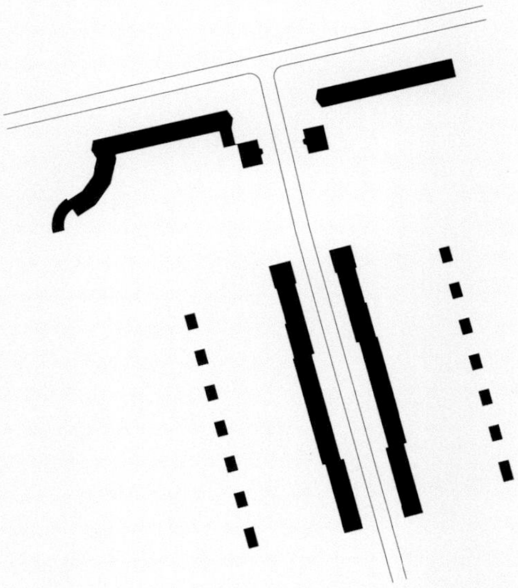

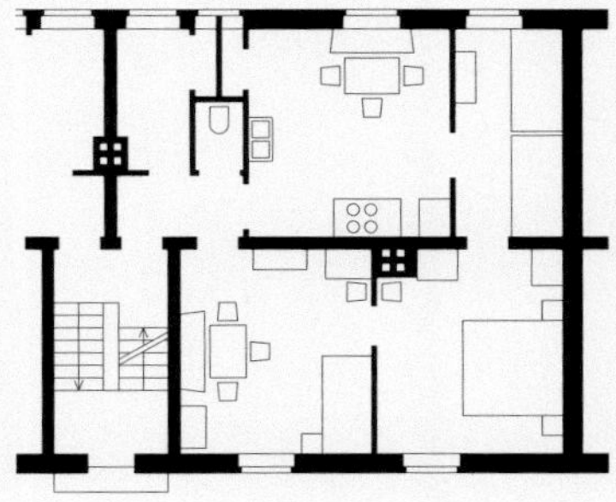

Lageplan
Grundriss Wohnung

Bebauung am Eingang der Siedlung
Stadtvilla als Torgebäude

Gebäudezeilen
Treppenhaus
Detail der Türumrahmung

WOHNHÄUSER FÜR ANGESTELLTE DER SPINNEREI AG

Insterburg/Ostpreußen, 1921–22, zerstört

Auch wenn diese Häuser im Stadtkern an unterschiedlichen Straßen lagen, der Ufergasse und der Flutgasse, können sie dennoch als eine zusammenhängende Bebauung betrachtet werden, denn sie standen auf einem einzigen Block. Obwohl sie sich aus Mehrfamilien- und Einfamilienhäusern zusammensetzt, war die Bebauung durch eine durchlaufende Traufkante vereinheitlicht. Während die Stadt früher „innerhalb der Mauern ein zusammengedrängter Haufen" von Häusern war, „ein jedes klar für sich ausgedrückt" – so hatte Scharoun die historische Entwicklung von Städten charakterisiert –, wurden später „die Einzelhäuser unter einem fortlaufenden Dach wie unter einem Hut"[1] zusammengeschlossen. Diese städtebauliche Intention verfolgte Scharoun auch bei dieser Wohnanlage. So waren die Einfamilienhäuser in einer Reihe zusammengefasst, während ein komplex abgewinkelter Baukörper als Übergang zur bestehenden Bebauung vermittelte.

Die Details waren ähnlich wie bei der ebenfalls zu dieser Zeit entstandenen Siedlung der „Bunten Reihe", etwa die Rauputzoberflächen der Fassaden oder das Sternmotiv als Ornament und möglicherweise auch Aspekte der Farbigkeit.[2]

1 Hans Scharoun, „Fortschritt Zeilenbau", in: Peter Pfankuch (Hrsg.), *Hans Scharoun – Bauten, Entwürfe, Texte*, Berlin 1974, S. 92, ursprünglich in: *Die Jungfernheide*, Heft 2, Berlin 1930.

2 „Fast alle Bauten von Scharoun in Ostpreußen" sind geprägt durch „starke Farben". Heinrich Lauterbach (Hrsg.), *Hans Scharoun*, Berlin 1967, S. 31.

Straßenfassade Flutgasse

Einfamilienhäuser Ufergasse
Hofseite Ufergasse
Hoffassade Flutgasse

GUTSHAUS ALBAT

Santilten/Ostpreußen, 1921–22, Umbau, zerstört

Die Gutsanlage von Albert Carl und Lilly Albat[1], wie sie Scharoun vorfand, war typisch für ostpreußische Landsitze. Ein eingeschossiges Hauptgebäude bildete eine Seite eines quadratischen Wirtschaftshofs. Es war ein biedermeierlicher verputzter Bau mit einer kleinen Holzveranda am Eingang, davor ein Heckenrondell. Mit sparsamen Mitteln hat Scharoun den Bau vollkommen verwandelt. Er schuf einen neuen Eingangsrisaliten, daran anschließend eine Saalfolge, die er mit einem Wintergartenanbau abschloss. Den Dachboden baute er zum Wohngeschoss aus. So befreite er die alten Gemäuer aus ihrer statischen Blockhaftigkeit.

Der neue Eingang wölbte sich nun leicht aus der Fassadenflucht hervor. Im entgegengesetzten Schwung war ihm eine neue Pergola mit zwei Säulen vorgesetzt. Zwei majestätische Linden, die das Heckenrondell ersetzten, führten diese Geste fort. Auch die Mauern wurden in die Landschaft weitergeführt und schirmten nun den privaten Park der Gutsanlage ab. Dort schwang der Mauerbogen zu einer S-Form großzügig auf, den Wintergarten und die ebenfalls oval geformte Terrasse umgreifend. Der Bau und die Freianlage verbanden sich zu einer gestalterischen Einheit.

Als eine künstlerische Einheit entwarf Scharoun auch die Innenräume: die Säle, die große Diele, das Herren- und das Damenzimmer und weitere Räume. Im Saal trafen Parkett, bronzierte Rohrstühle und schwarzer Konzertflügel auf rosa Wandmalereien[2] unter einem kristallinen Lichtkranz. Die Diele und das Herrenzimmer waren holzvertäfelt mit Ledermöbeln und indirektem elektrischen Licht, das Gästezimmer tapeziert und möbliert in barocker Opulenz.[3] Ein Ring aus Pflanzen und einer aus Licht prägten den Wintergarten, in dem sogar ein Putto auf einem Brunnen Platz fand. Mit Aufnahmen dieser Räume bewarb sich Scharoun für die Professur an der Breslauer Akademie.

Nach dem Krieg wurde Santilten verlassen, und die Bauten verfielen vollkommen. Heute liegen lediglich die Fundamentreste in der verwilderten Natur.

Dimitri Suchin

1 Barbara Kleine, „Gut Santilten/Fehlbrücken, Kreis Insterburg", in: *Insterburger Brief*, 1999–2010, S. 199–201.
2 Die Malereien stammen vom Insterburger Künstler Paul Schmolling, vgl. ebda.
3 Erich Thieler, „Erinnerungen an das Gut Santilten, Gemeinde Fehlbrücken, Kreis Insterburg/Ostpr.", unveröffentlichtes Manuskript, 1994.

Eingangsportal
Wintergartenanbau mit Dachterrasse zum Park

Zentraler Saal
Wintergarten
Gästezimmer über dem Eingang

GUTSHOF ZIMMERMANN

Kuinen/Ostpreußen, 1922, zerstört

Neben dem Gutshaus schuf Scharoun auch eine Schmiede und einen Reitstall. Er kombinierte einfache konventionelle Baukörper mit einem fantasievoll geformten monumentalen Mittelrisaliten. In der vertikalen Gliederung des vorgewölbten Risalits des zentralen Gutshauses zeigt sich jenes expressive Emporstreben, das Scharoun in dieser Zeit in Aquarellen von utopischen Projekten zum Ausdruck brachte. Bereits in seinen Schülerzeichnungen hatte er eine dynamische Vertikalität angestrebt und eine Virtuosität im architektonischen Erfinden demonstriert, doch in den Jahren zwischen 1919 und 1922, als er sich mit anderen Architekten am Briefwechsel der „Gläsernen Kette" beteiligte, wurde der expressive Ausdruck dieser Vertikalität in den Aquarellen der utopischen Projekte so sehr gesteigert, dass die Bauwerke aufblühenden Knospen und Feuerwerken glichen. Auch in seinen Wettbewerbsentwürfen verglich Scharoun damals Bauwerke mit Kristallen, „mannigfach geformt, gezackt und gefärbt"[1].

Über seine Arbeit in Ostpreußen erklärte Scharoun: „Als ich daran ging, zerstörte Gutshäuser und Höfe aufzubauen, meinte ich, dass man den Bewohnern nicht nur Häuser, sondern auch gute Möbel [...] geben müsse."[2] So gestaltete er ebenfalls die Interieurs als eine Einheit mit expressionistischen Deckenreliefs, eigenwilligen Beleuchtungskörpern und auch Möbelstücken. Einen markanten architektonischen Ausdruck verlieh er auch dem Gebäude der Schmiede, indem er einem äußerst schlichten Baukörper mittig einen monumentalen gotischen Bogen angliederte. Der archaische Charakter des Bauwerks wird gesteigert, indem abgeschrägte Eckpfeiler[3] das Bauvolumen einspannen.

1 Hans Scharoun in einem Erläuterungstext von 1920 für ein Volkshaus in Gelsenkirchen, in: Peter Pfankuch (Hrsg.), *Hans Scharoun – Bauten, Entwürfe, Texte*, Berlin 1974, S. 27.
2 Hans Scharoun im Gespräch mit Karla Höcker 1963, in: ebda., S. 13.
3 Das Motiv der abgeschrägten Pfeiler taucht in Scharouns Architektur der 1930er Jahre wieder auf.

Eingangshalle des Gutshauses
Schmiede

Eingangsportal des Gutshauses

KORNSPEICHER PLUQUET

Wertheim/Ostpreußen, 1922, zerstört

Mit sparsamen Mitteln wurde ein reiner Nutzbau zum architektonischen Monument. Durch die Bekrönung eines kubischen Blocks mit einem pagodenartigen, dreifach gestaffelten Dach wurde ein Werk geschaffen, das an asiatische Bauten, wie etwa die japanische Burg Himeji aus dem 17. Jahrhundert, erinnert. Charakteristisch ist der Gegensatz zwischen einem blockhaften Sockel mit einem monumental-wehrhaften Ausdruck und einer leichten Holzkonstruktion als Dachaufbau, die eine malerische Silhouette schafft. Die horizontale Gliederung im Sockel und die vertikalen Streifen in der Bekrönung unterstreichen diesen Kontrast. Im Sockel sind die Fenster tief in die Laibung zurückgesetzt, so dass die Schwere der Mauer betont wird, während die Fenster im oberen Bereich bündig mit der Wand abschließen, um ihr so den Charakter einer membranartigen Haut zu verleihen.

WOHN- UND GESCHÄFTSHAUS VOSS

Insterburg/Ostpreußen, um 1923, Umbau, zerstört

1 Heinrich Lauterbach (Hrsg.), *Hans Scharoun*, Berlin 1967, S. 31.

2 Das Gebäude in der Ziegelstraße 1 für den Kaufmann Friedrich Voß wurde abgebildet in: *Insterburger Brief*, Mai/Juni 1966, S. 87. Für diesen Hinweis danke ich Dimitri Suchin.

In der Monografie über Scharoun, die noch zu Lebzeiten erschien, ist zu lesen, dass fast alle seine Bauten in Ostpreußen durch starke Farben gekennzeichnet waren.[1] Auch wenn es sich bei diesem Eckhaus lediglich um einen Umbau handelt, wurde es dennoch von Scharoun so stark überformt, dass es einen eigenständigen Charakter erhielt.[2] Durch unterschiedlich farbige Putzflächen sowie durch horizontale und vertikale Bänder wurden die Fassaden neu gegliedert. Die Eingänge und Fenster zur Gaststätte und zum angrenzenden Spirituosengeschäft wurden ebenso vereinheitlicht wie der Schriftzug. Der architektonische Ausdruck ist atektonisch. Diese Form entspricht einigen früheren Entwürfen, die dem Art déco nahestanden. Die dreifach abgestuften und an den Ecken abgerundeten Gesimsbänder umklammern die zwei Gebäudehälften, die durch eine markante Trennungsfuge in der Mitte der Fassade artikuliert sind.

Neu gestaltete Fassade

MIETSHÄUSER AM PARKRING

Insterburg/Ostpreußen, 1923–24, zerstört

Das Grundstück „Germaniagarten", zentral und doch ruhig am Stadtpark und am Neuen Markt gelegen, war ohne städtebaulichen Zusammenhang, bis Scharouns neue Blockkanten eine umfassende Erneuerung der Gegend ankündigten.[1] Die Zeitgenossen sahen in ihnen den ersten modernen Bau Insterburgs.[2]

Drei- und viergeschossige Baukörper sind durch horizontale Gliederungselemente, auskragende Gesimse und einen durchlaufenden Mauerwerkssockel zu einer Einheit zusammengebunden. „Bei diesen Häusern wird die Bewegung der Form unterstützt durch starke Farben – wie bei fast allen Bauten von Scharoun in Ostpreußen. Hier von Schwarz, Braun bis zu Orange und Weiß."[3] Das Zusammenfassen der Fensteröffnungen zu Bändern, die sich an über vorgewölbte Loggien ziehen, greift das Motiv Erich Mendelsohns in der Berliner Cicerostraße voraus. Anders als dieser setzt Scharoun hier jedoch keine Flach-, sondern ostpreußisch-typische Steildächer ein, wenn auch die Aufnahmen dies anders suggerieren. Die gegenüberliegende Straßenseite blieb unbebaut, so dass die Abendsonne tief in die Wohnungen fiel.

Als beauftragter Planer stand Scharoun damals auch dem Bauherrn, der Allgemeinen Wohnungsbaugenossenschaft Insterburg, vor. Später zog er in den fertigen Bau mit seiner Wohnung samt Büro ein.[4] Von eigens entworfenen Möbeln seiner Wohnung blieben ein geschwungenes achtsitziges Sofa und eine Eckschrankwand erhalten.[5]

Dimitri Suchin

1 1925 gewann Scharoun den ersten Preis im Wettbewerb um die Neugestaltung des Neuen Marktes. Im selben Jahr begann Hugo Kaufmann die Erneuerung des Stadtparks, die 1928 mit der Eröffnung der Markthalle von Walter Brasch ihren Abschluss fand.
2 Paul Schmolling, „Mal was von FFAA gehört?", in: *Insterburger Brief*, 1966, Heft 3–4, S. 69.
3 Heinrich Lauterbach (Hrsg.), *Hans Scharoun*, Berlin 1967, S. 31. Die Bedeutung, die Scharoun diesem Bau beimaß, zeigt sich daran, dass er Aufnahmen davon für die Ausstellung „Die farbige Stadt" anfertigen ließ.
4 Im Gesellschaftsvertrag mit Franz Boßmann vom 29.12.1924 stellt Scharoun drei der sieben Zimmer der von ihm zusammengelegten Wohnungen dem gemeinsamen Büro zur Verfügung, Akademie der Künste, Berlin, Hans-Scharoun-Archiv, Mappe 1.16, Dok.-Nr. 3, Ord.-Nr. 24-1229. Die Büropartnerschaft blieb im Haus bestehen auch nach Scharouns Weggang nach Breslau.
5 Beide Möbel waren nach 1935 im Bestand des Hauses Hoffmeyer in Bremerhaven. Das Sofa befindet sich heute im Kunstmuseum Bremerhaven. Die Schrankwand kehrt in einer Ausstellung des Kamswyker Kreis e. V. nach Insterburg zurück.

Südfassade Richtung Stadtpark
Nordfassade

Westfassade Richtung Neuer Markt

GUTSHOF SUDAU

Albrechtshof/Ostpreußen, 1924, zerstört

Das Bauwerk für den Gutsbesitzer Hans Sudau[1] umfasst Stallungen mit einem Speicher als Kopfbau. Während der Stalltrakt mit einer regelmäßigen Abfolge von Toren und Fenstern und größeren Öffnungen im oberen Bereich unter einem großen Dach einem konventionellen Typus folgt, verleiht der Kopfbau mit einem zentralen Turmaufbau der Anlage einen monumentalen Charakter. Der architektonische Ausdruck wird insbesondere durch die rhythmisierte Abfolge der Öffnungen erzielt. Wie bei den Mietshäusern am Parkring in Insterburg sind die Öffnungen zu horizontalen Bändern zusammengefasst, während der Turmaufbau jenem des Speichergebäudes ähnelt, das Scharoun zuvor in Wertheim gebaut hatte.

1 Vgl.: *Das Ostpreußenblatt*, 24.01.1976, S. 22. Im Werkverzeichnis (WV N-5) wurde Sudau fälschlicherweise als ein Ortsname aufgeführt. Für diesen Hinweis danke ich Juliane Kreißl.

Stallungen mit Speicher als Kopfbau

ZWEIFAMILIENHAUS GOBERT

Sodehnen/Ostpreußen, 1924–25

1 Hans Scharoun, Antrittsvorlesung an der Staatlichen Akademie für Kunst und Kunstgewerbe Breslau, 1925, in: Peter Pfankuch (Hrsg.), Hans *Scharoun – Bauten, Entwürfe, Texte*, Berlin 1974, S. 52.
2 Dimitri Suchin hat entdeckt, dass der Bau heute noch erhalten ist.

In dem Bau durchdringen sich zwei geometrische Körper, ein kubischer und ein oktogonaler. Der eine Körper ist schlicht und konventionell gestaltet und der andere expressiv-dynamisch. Der eine Baukörper ist blockhaft geschlossen, während der andere in eine Pfeilerstruktur aufgelöst ist. Scharoun benutzte die Formulierung des „Aufeinanderprallens“[1] von zwei unterschiedlichen Baumassen, die zwar in einem Spannungsverhältnis zueinander stehen, aber dennoch eine Einheit bilden. Die dreieckig geformten Stürze und angedeuteten Giebel über den Loggien verleihen dem Bau einen kristallinen Charakter, so dass der architektonische Ausdruck als expressionistisch bezeichnet werden kann. Der Bau wurde später als Schule genutzt und stark verändert. Es wurde angebaut, die Freitreppe zum Garten umgebaut und das Dach in veränderter Form erneuert. Heute steht der ruinöse Bau leer.[2]

Baukörper mit Altan und Loggien

TRANSPORTABLES HOLZHAUS

Liegnitz/Schlesien, 1926–27, zerstört

Das vollständig möblierte Musterhaus wurde auf der Deutschen Gartenbau- und Schlesischen Gewerbeausstellung in Liegnitz präsentiert. Der Bau war als Modulsystem konzipiert und setzte sich aus Holzpaneelen der Firma Christoph & Unmack zusammen. Wenn Scharoun erklärte, „der Grundriss beruht nicht auf dem Prinzip des ‚Zimmer'-Grundrisses"[1], propagierte er ein offenes und flexibles Raumgefüge, bei dem die verschiedenen Raumabschnitte ineinander übergehen. Trotz der komplexen Verzahnung der Räume ist der Grundriss klar strukturiert. Wohnen, Schlafen und Arbeiten sind in drei verschiedene Bauteile untergliedert, die sich in der Grundrissfigur als drei etwa gleich große, aneinandergefügte Rechtecke abzeichnen. Vom Hauseingang führt eine zentrale Achse durch den etwas höheren Wohnbereich wieder in den Außenraum. Als Ziel nannte Scharoun, „dem Haus trotz seines verhältnismäßig geringen Umfanges im Inneren eine möglichst große Weiträumigkeit zu geben".

Dass Scharoun auf ein Baukastensystem zurückgriff, hing nicht nur damit zusammen, dass es sich um ein temporäres Bauwerk handelt, sondern er sah in der Modulbauweise insbesondere ein partizipatorisches Potenzial, denn er forderte, die Bewohner sollten in den Entwurfsprozess mit einbezogen werden. „Der Benutzer dieses Hauses soll wieder daran gewöhnt werden, nicht nur auf dem Papier, sondern auch in Wirklichkeit an der Gestaltung seines Hauses mitzuwirken. Die Typisierung der einzelnen Wand-, Decken- und Fußbodenteile wird ihm die Möglichkeit einer seinen Bedürfnissen entsprechenden Zusammenstellung dieser Teile bieten."

Das Ideal war eine Variabilität, die sich an den Bedürfnissen orientiert, so dass die Form des Gebäudes am Ende eines Prozesses steht – aus diesem resultiert – und auch für spätere Veränderungen offen ist. „Das Haus ist in jedem seiner Teile (Wohnteil, Schlafteil, Wirtschaftsteil) erweiterungsfähig und variabel."

1 Dieses und die folgenden Zitate: Hans Scharoun, „Erläuterungsbericht zum Transportablen Holzhaus", in: Peter Pfankuch (Hrsg.), *Hans Scharoun – Bauten, Entwürfe, Texte*, Berlin 1974, S. 62–63.

Eingangsseite mit überdachter Terrasse

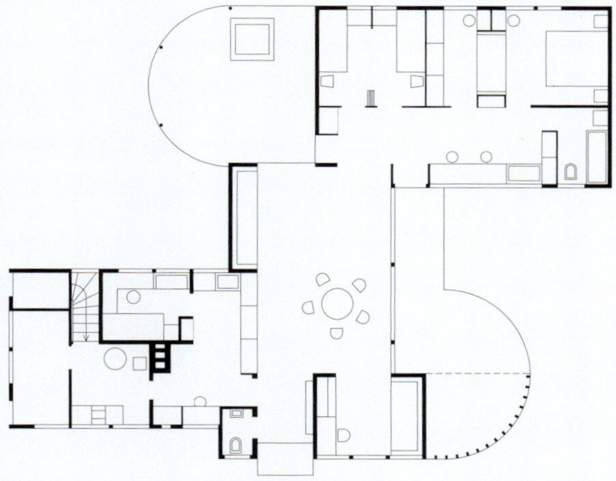

Grundriss
Terrasse

EINFAMILIENHAUS WEISSENHOFSIEDLUNG

Stuttgart, 1926–27

Für die Weißenhofsiedlung, die Bauausstellung des Deutschen Werkbunds, schuf Scharoun ein Haus, das sich von anderen rein kubischen Bauten unterscheidet. Scharoun verwendete auch gekurvte Elemente, wie gebogene Fensterscheiben und eine kreisförmig verlaufende Treppe zum Obergeschoss, die zu einer asymmetrisch-komplexen Silhouette führten. Der Grundriss ist hingegen sehr klar um eine Mittelachse organisiert, die vom Hauseingang bis in den Garten führt und den Wohnbereich vom Wirtschaftsbereich trennt. Wohnzimmer, Esszimmer und Arbeitszimmer sind nicht durch Wände voneinander separiert, sondern verbinden sich zu einem großen Einheitsraum, der sich durch eine gläserne Schiebetür zur Terrasse erweitert, von der sich ein kilometerweiter Ausblick über das Tal bietet.

Das Haus sollte möglichst „groß wirken", erklärte Scharoun. „Dies suchte ich zu erreichen: durch klare Scheidung von Wohn-, Schlaf- und Wirtschaftsabteilung, durch starke Maßunterschiede der Wohn- und Schlafräume, durch die Vereinigung verschiedener Wohnfunktionen in einer Raumeinheit, durch das Spiel der durch das ganze Haus führenden Achse" und „durch weitgehende Einbeziehung der – hier besonders schönen – Landschaft".[1]

Im Gegensatz zum anderen möblierten Musterhaus, das Scharoun auf der Gartenbauausstellung in Liegnitz präsentierte, liegen die Raumbereiche hier nicht auf einem einheitlichen Niveau. Vom Wohnzimmer zum Esszimmer sowie vom Schlafzimmer zum Badezimmer führen jeweils ein paar Stufen hinab. Dieses Prinzip von unterschiedlichen Raumhöhen entwickelt Scharoun in seinen späteren Wohnhäusern konsequent zu einem regelrechten „Schachtelsystem"[2] weiter.

Konstruiert wurde der Bau als Eisenskelett, mit Dämmplatten als Ausfachung – auch wenn sich dies nicht am Außenbau zeigt. Auch die Treppe zum Obergeschoss ist aus Metall konstruiert und erinnert so an eine Schiffstreppe, ebenso wie die einer Reling nachempfundene Brüstung der Dachterrasse.

1 Hans Scharoun, Erläuterungstext, in: *Die Form*, Heft 9, 1927, S. 293.
2 Scharoun benutzte diesen Begriff in Bezug auf das Haus Moll, vgl. S. 96.

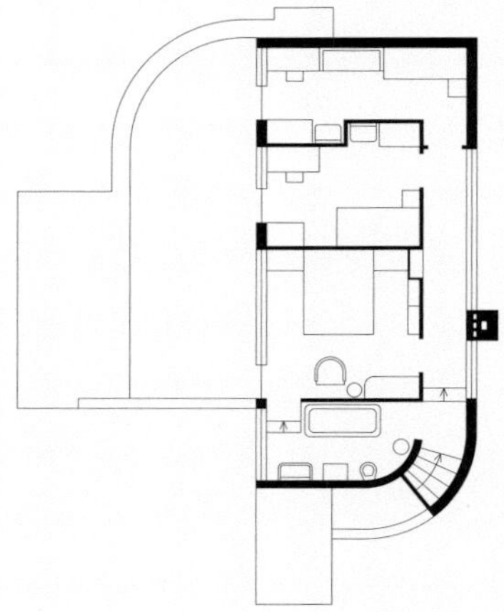

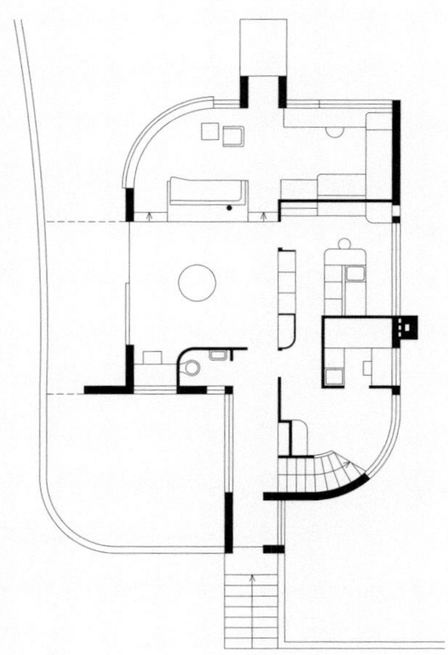

Eingangsseite
Blick vom Essbereich in den Wohnbereich

Grundriss Obergeschoss
Grundriss Erdgeschoss

Rathenaustr

APARTMENTHAUS AM KAISERDAMM

Berlin-Charlottenburg, 1928–29

Seinen ersten Bau in Berlin bezeichnete Scharoun als Junggesellenheim und benutzte den Ausdruck des „Hotelmäßigen".[1] Der Bau setzt sich aus Ein- und Dreizimmerwohnungen zusammen und hatte eine Tiefgarage. Ursprünglich war auch ein Gemeinschaftsrestaurant geplant. Die kleineren Wohnungen waren lediglich mit einem „Kochschrank"[2] ausgestattet, und in den größeren Apartments mit großzügiger Wohndiele und Kamin waren die Küchen ebenfalls auf ein Minimum reduziert. Auch wenn die Grundrisse vom Bauunternehmer Georg Jacobowitz entwickelt waren, so dass Scharoun hauptsächlich die Fassaden und den Baukörper entwarf, war die Hotelkonzeption ebenfalls für Scharoun wichtig, da sie auch seine folgenden Wohnbauprojekte prägte. Obwohl das Bauvolumen am Kaiserdamm durch die Berliner Blockrandbebauung bestimmt war, konnte Scharoun dennoch einen eigenwilligen Baukörper schaffen, dessen markant aufragendes, vertikales Element und dessen verschiedene Fensteröffnungen eine starke Rhythmisierung und Dynamik zum Ausdruck brachten. Im Dachgeschoss waren große Atelierwohnungen mit Dachterrassen untergebracht.

1 Hans Scharoun in einem Manuskript von 1930, in: Peter Pfankuch (Hrsg.), *Hans Scharoun – Bauten, Entwürfe, Texte*, Berlin 1974, S. 78.

2 Erläuterungstext aus der Werbebroschüre, zitiert in: Christine Hoh-Slodczyk, Andreas Tönnesmann, Norbert Huse und Günther Kühne, *Hans Scharoun – Architekt in Deutschland 1893–1972*, München 1992, S. 34.

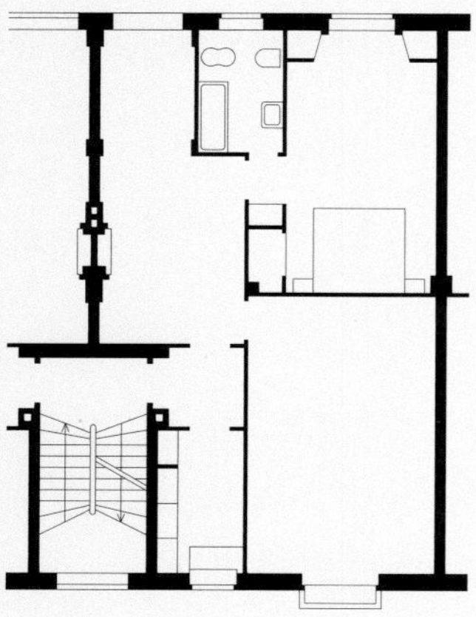

Grundriss Wohnung
Ansicht vom Kaiserdamm

Ansichten vom Kaiserdamm

Westfassade
Fassadendetail

LEDIGENHEIM

Werkbundsiedlung, Breslau, 1928–29

Für die Bauausstellung des Deutschen Werkbunds „Wohnung und Werkraum" von 1929 schuf Scharoun ein „Wohnheim für Ledige und kinderlose Ehepaare". Der Bau war wie ein Hotel organisiert mit einer weiträumigen Eingangshalle, einem Restaurant und Dienstpersonal. Sogar die Apartmentschlüssel konnten bei einem Concierge abgegeben werden. Trotz der strengen Gliederung innen ist der Baukörper insgesamt sehr frei gestaltet. Ein asymmetrisch ausgreifendes Dach überdeckt die Terrasse in einer skulpturalen Geste. Während sich die Minimalwohnungen streng rational aneinanderreihen, folgen die Wege im Außenraum dem organisch geschwungenen Baukörper. Der Bau liegt unmittelbar neben einem Park, so dass die Gartenanlage um den Bau die Parklandschaft fortsetzt. Auch die mit Blumenkübeln ausgestattete Dachterrasse war als Fortführung des Grünraums konzipiert.

Das Achsmaß der Wohnungen beträgt in einem Flügel 3 Meter und im anderen 3,50 Meter. Bei diesen Dimensionen erstrecken sich die Wohnungen jeweils über drei Ebenen, so dass Erschließungsflure nicht mehr auf jedem Geschoss notwendig sind.[1] Die Wege vom Flur zu den Wohnbereichen führen immer abwechselnd nach oben und nach unten. Zunächst wird ein Vorraum mit Garderobe betreten, von dem es über ein paar Stufen weiter zum Wohnraum geht mit einer in die Wand integrierten und mit einem Rollladen verschließbaren Küchenzeile. Der Weg führt schließlich über eine weitere Treppe um die Schrankküche herum zum Schlafzimmer mit Ausblick über den Park. Konstruiert wurde das Gebäude in Scheibenbauweise, so dass die Außenwände wie beim Skelettbau nicht tragend sind und großflächig verglast werden können. Die Gemeinschaftsbereiche im Inneren sind durch eine starke Farbigkeit mit Blau und Orange geprägt.

1 Nach einem ähnlichen System von ineinander verschachtelten Wohneinheiten mit internen Treppen waren auch das Narkomfin-Gebäude von Moisej J. Ginzburg und später Le Corbusiers Unité d'habitation organisiert.

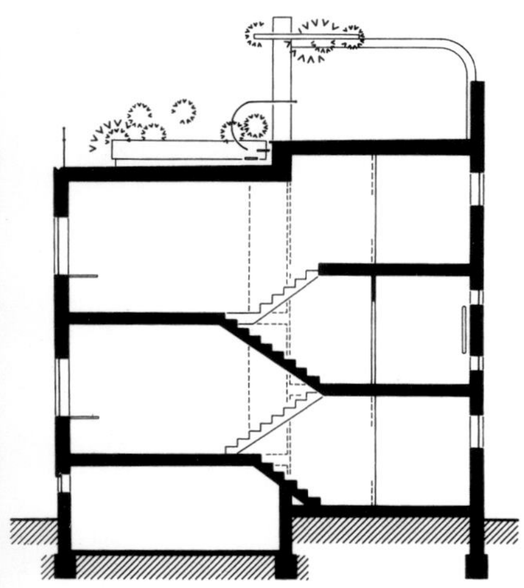

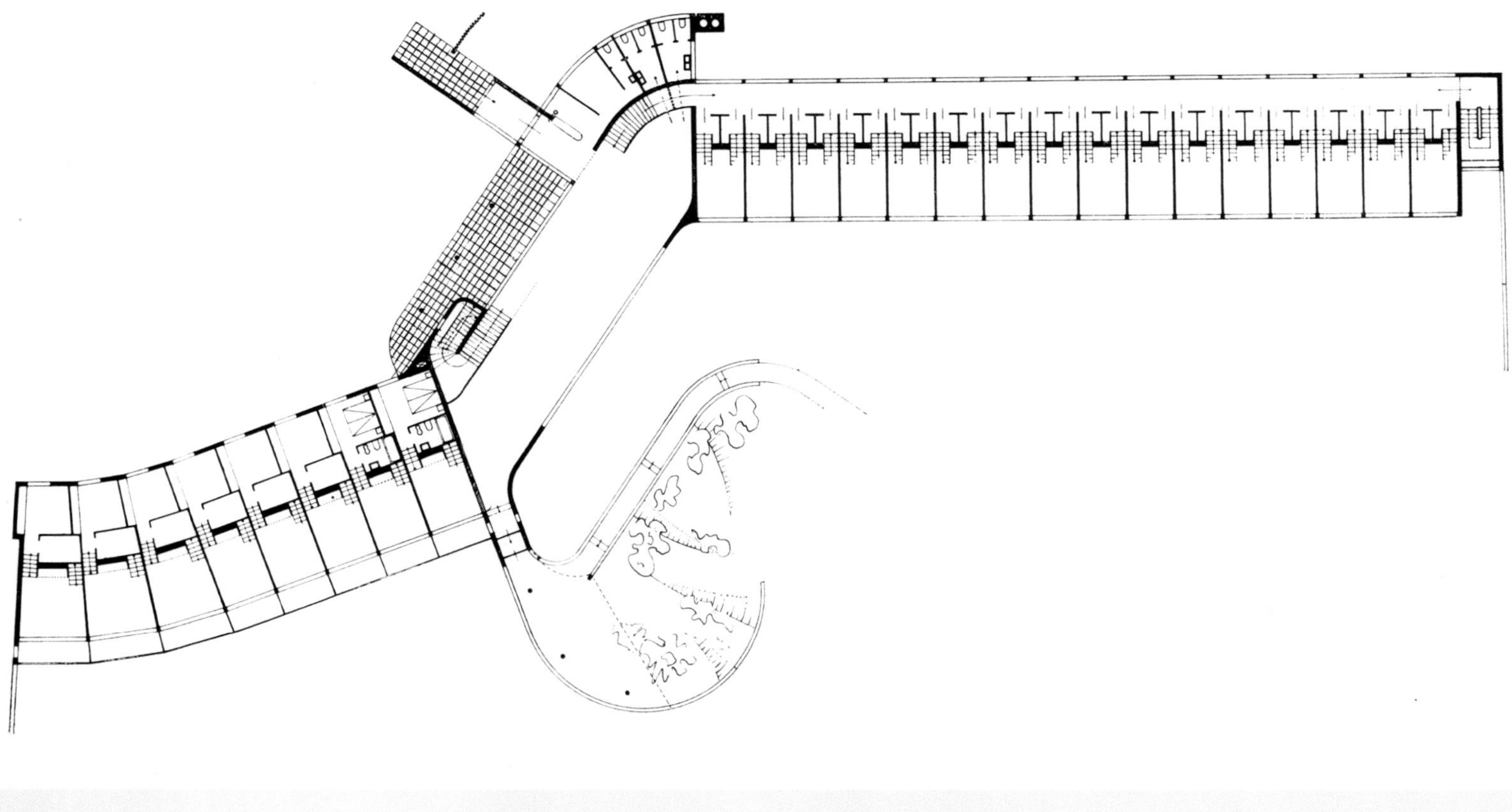

Schnitt
Grundriss

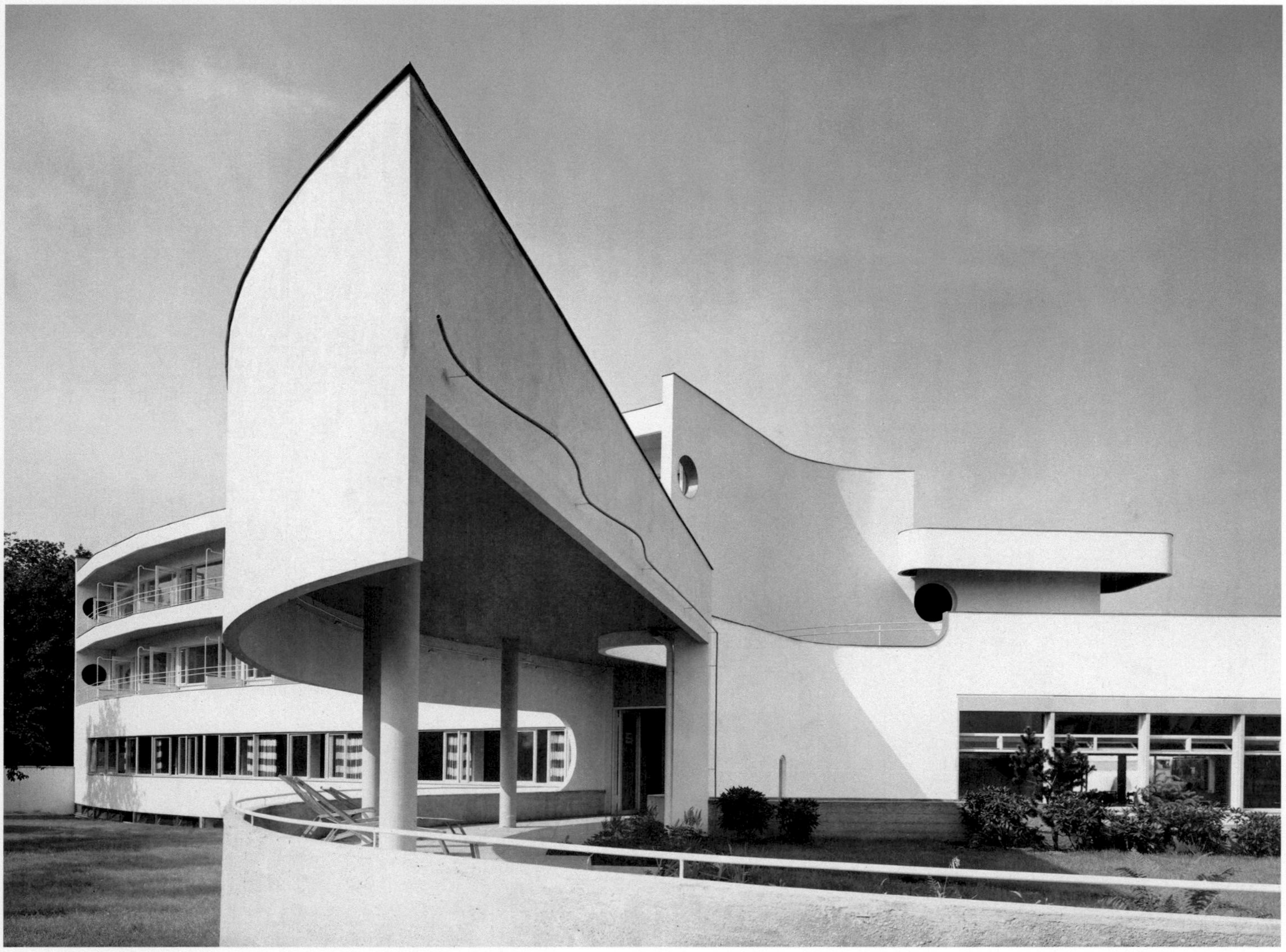

Ansicht von Süden
Überdachte Terrasse

Ostflügel
Westflügel

Ansicht vom Park
Durchgang zum Park

Zugang zur Dachterrasse
Dachterrasse
Wohnung mit Kochnische

APARTMENTHAUS AM HOHENZOLLERNDAMM

Berlin-Wilmersdorf, 1929–30

Wie das Apartmenthaus am Berliner Kaiserdamm wurde auch dieser Bau als ein „Junggesellenheim“ mit minimal dimensionierten Küchen konzipiert. Auch hier waren die Grundrisse bereits vom Bauunternehmer Georg Jacobowitz in einer Weise entwickelt, dass der Bau den Charakter eines Hotels annahm. Die Baumasse ist in zwei parallelen Flügeln organisiert mit einem Lichtschacht im Zentrum, in dem die Treppenhäuser und Aufzüge liegen. „Im Innern der kleinen Wohnungen“, erklärte Scharoun, wurde „doch ganz bewusst darauf hin gearbeitet, dem Bewohner das Empfinden von etwas Hotelmäßigen […], das Empfinden einer zwar auf kleinstem Raum aber dafür konzentriert geschaffenen Repräsentation (Telefon, Safe, Flure, – auch Garagen) und das Gefühl von Entlastung in hauswirtschaftlicher Beziehung“[1] zu vermitteln. Um Einblicke in die jeweils gegenüberliegenden Apartments zu verhindern, waren die zwei Flügel um ein halbes Geschoss in der Höhe versetzt, so dass von jedem Treppenpodest Wohneinheiten erschlossen werden. Die Decken der Eingangsfoyers sind in Orange, Blau und Gelb gestrichen.

An der Fassade wechseln sich Backsteinoberflächen und verputzte Flächen ab, so dass eine Verschränkung von unterschiedlichen Volumen suggeriert wird. Während die kunstvoll detaillierten Fenster die Fassade rhythmisieren, wirken die abgerundeten Balkone an der Gebäudeecke wie ein Scharnier, das dem ansonsten sachlichen Bau einen dynamischen Charakter verleiht. Die Dynamik wird verstärkt, indem die Dachplatte lediglich auf einer Seite, entlang des Hohenzollerndamms, auskragt.

1 Hans Scharoun in einem Manuskript von 1930, in: Peter Pfankuch (Hrsg.), *Hans Scharoun – Bauten, Entwürfe, Texte*, Berlin 1974, S. 78.

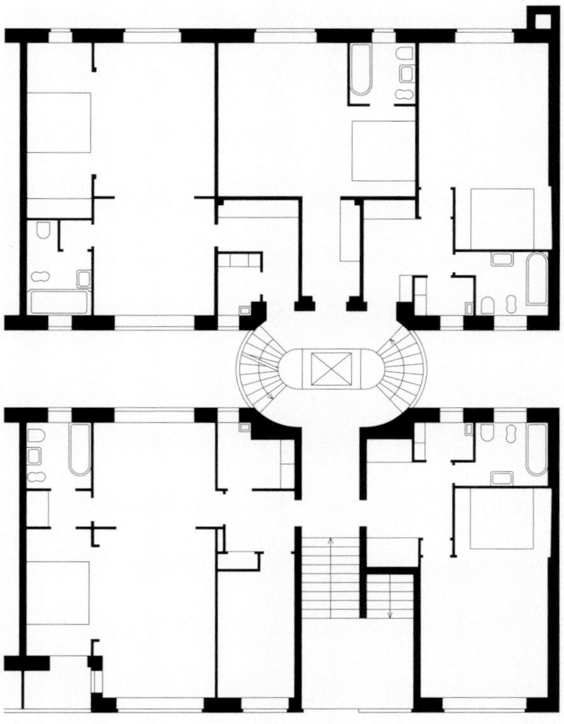

Ansicht Mansfelder Straße
Wohnungsgrundriss Erdgeschoss

Ansicht Hohenzollerndamm

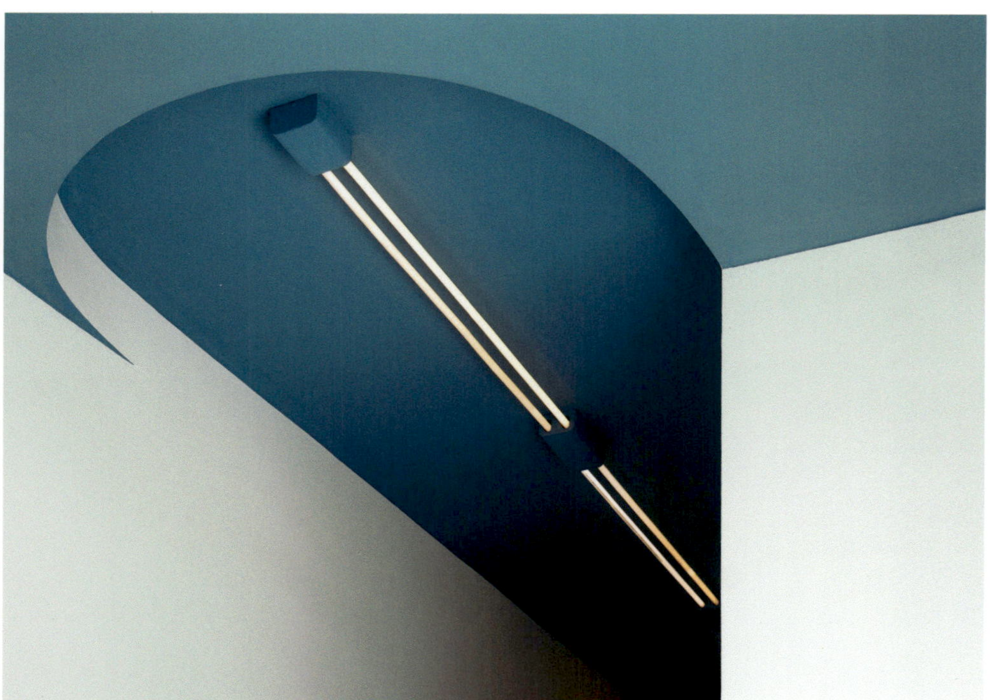

Ecke Hohenzollerndamm und Mansfelder Straße
Decken der Eingangsfoyers

SIEDLUNG SIEMENSSTADT

Berlin-Siemensstadt, 1929–30

Die Großsiedlung mit Mietwohnungen für bis zu 5000 Menschen wurde zwischen 1929 und 1931 als sozialer Wohnungsbau von unterschiedlichen Architekten realisiert, unter anderem von Walter Gropius und Hugo Häring. Geleitet wurde die Planung vom Stadtbaurat Martin Wagner, während Scharoun den städtebaulichen Gesamtplan ausarbeitete. Die Entscheidung für den Zeilenbau war allerdings eine kollektive.[1] Im südlichen Teil der Siedlung, gegenüber des Siemenswerks, realisierte Scharoun drei Gebäudezeilen um eine trichterförmige Platzanlage und bezog dort auch selbst eine Wohnung.

Aufgrund der Schiffsmotive wurde einer der Baublöcke später „Panzerkreuzer" genannt. Das Schiffsartige wird nicht nur durch die Form und Detaillierung, sondern auch durch den membranhaften Charakter der Außenwand suggeriert, da sich die Wand an den mit Rundungen ausgreifenden Balkonen und der bekrönenden „Kommandobrücke" als eine extrem dünne Haut zeigt. Der von Scharoun selbst bewohnte Wohnungstyp zeichnet sich durch einen doppelseitig belichteten Wohnraum aus. Das Sonnenlicht fällt morgens durch ein kastenartiges Blumenfenster und abends durch eine Loggia herein.

Die stark durchgrünte Siedlung war als Gegenmodell zur typischen Berliner Blockrandbebauung mit Seitenflügeln, Quergebäuden und Hinterhöfen konzipiert. „Statt dessen sollen Straße, Haus und Garten gleichberechtigt nebeneinander stehen, jedes selbstständig, eines das andere stützend. Also: Anstelle von Straße und Straßenbild parkähnliche Grünlandschaft", argumentierte Scharoun und forderte, dass „sich Haus gegen Landschaft und Landschaft gegen Haus zu behaupten imstande ist".[2] Diese Überlegungen kulminierten später in seinem Konzept der „Stadtlandschaft" als Antithese zum historischen Stadtgrundriss.

1 Vgl. Jörg C. Kirschemann und Eberhard Syring, *Hans Scharoun – Die Forderung des Unvollendeten*, Stuttgart 1993, S. 128.
2 Hans Scharoun, „Fortschritt Zeilenbau", in: Peter Pfankuch (Hrsg.), *Hans Scharoun – Bauten, Entwürfe, Texte*, Berlin 1974, S. 93–94, ursprünglich in: *Die Jungfernheide*, Heft 2, Berlin 1930.

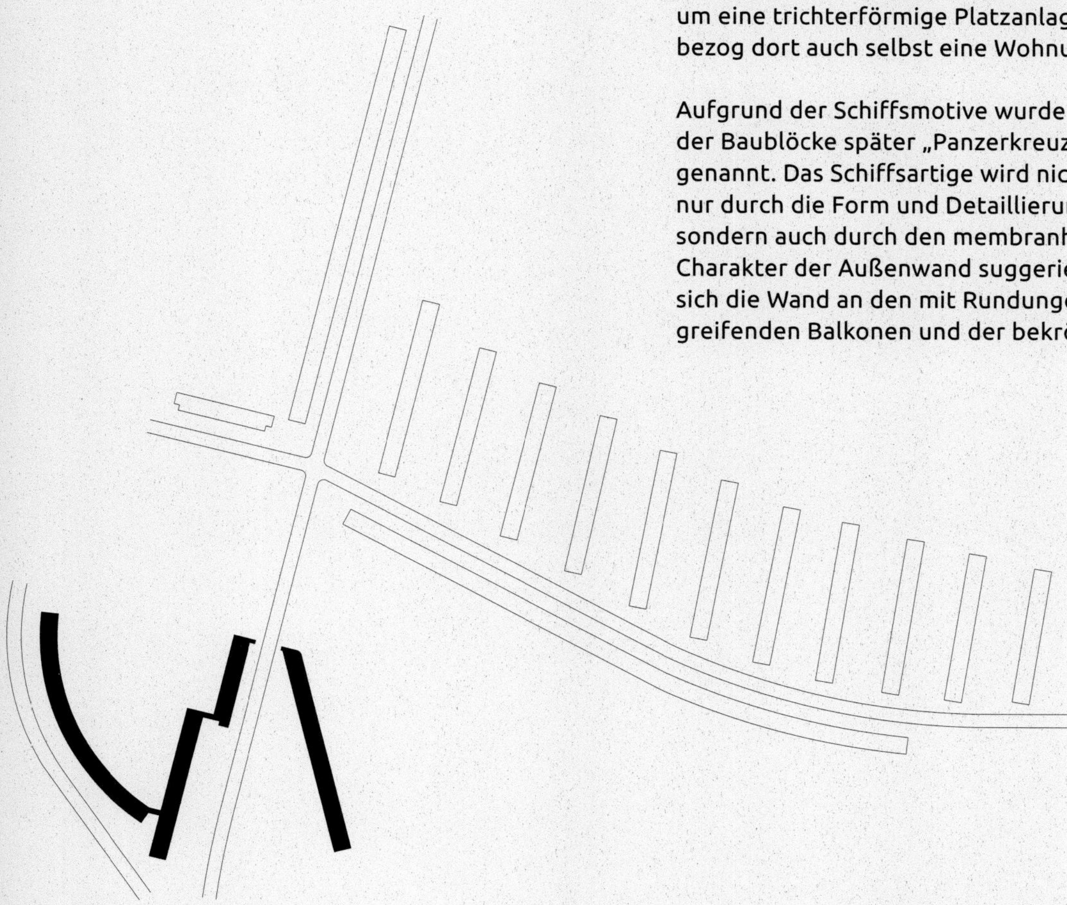

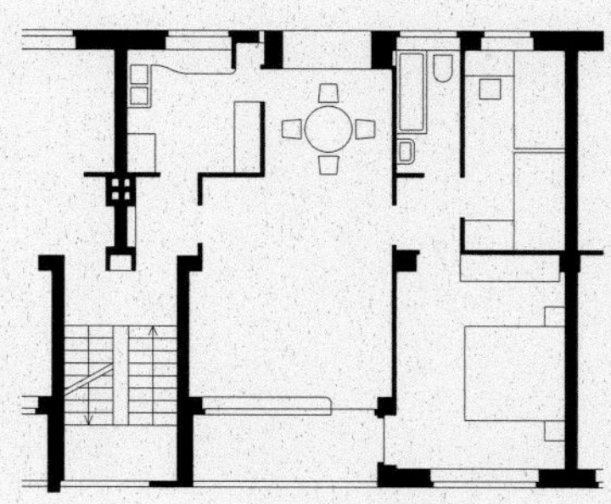

Lageplan
Grundriss Wohnung

Gebäudeteil „Panzerkreuzer"
Scharouns eigene Wohnung

Straßenansicht westlicher Gebäudeteil
Gartenansicht

Gebäudeteil „Panzerkreuzer"
Östlicher Gebäudeteil

HAUS SCHMINKE

Löbau, 1930–33

Das „Landhaus" für den Nudelfabrikanten Fritz Schminke und dessen Familie liegt nördlich der Fabrik, die Scharoun später erweiterte und umbaute (siehe S. 106). Ein in englischer Art gestalteter Garten war bereits vorhanden. Scharoun erklärte: „Es kam dem Bauherrn, der während des Krieges Beobachtungsflieger war, auf Leichtigkeit und auf Benutzbarkeit dieses Hauses insofern an, als er es in den Kreislauf der Gartenwege einbezogen wissen wollte."[1] Das Rationale und Sachliche verbindet Scharoun hier mit dem „Romantischen" und „Malerischen", wie er es formulierte.[2]

Das Gebäude erscheint aus verschiedenen Perspektiven vollkommen unterschiedlich. Auch beim Durchschreiten erscheint dieser Schlüsselbau der organischen Architektur immer wieder anders und wird als eine *promenade architecturale* erlebt. Dabei wirkt das Haus transparent und leicht. Eine Eisenskelettkonstruktion ermöglicht große Spannweiten sowie großflächige Verglasungen und trägt zum beabsichtigten Schiffscharakter bei. Trotz der Komplexität der Gebäudeform und des Raumerlebnisses ist der Bau klar organisiert. Ein zunächst orthogonaler Grundriss wurde durch eine schräg gestellte Treppe modifiziert. Diese Rotation der Haupttreppe im Zentrum lenkt die Bewegung in Richtung Wohnbereich und Garten, und auch weitere Teile des Gebäudes passen sich dieser Ausrichtung an. So wird eine organische Grundrissfigur geschaffen, die flexibel auf die unterschiedlichen Eigenschaften der einzelnen Raumbereiche reagiert.

Scharoun erklärte: „Der Eindruck ist so, daß die Räume des Tages sehr weit wirken durch die innige Verbindung mit der Natur, daß sie hingegen Nachts durch Verwendung von vielem Stoff sehr intim werden, aber so, daß sie zelthaft (auch zelthaft wandelbar) bleiben."[3] Der mobile Charakter zeigt sich auch am freistehenden Kamin, der wie ein Möbelstück vor einem Panoramafenster steht, das die Landschaft als ein Bild inszeniert. Das Wohnzimmer ist rundum verglast, so dass der Bau hier wie ein Pavillon erlebt wird. Die Verbindung von Innen- und Außenraum wurde in diesem Haus konsequent umgesetzt, insbesondere auch durch einen Wintergarten mit Mies-van-der-Rohe-Stühlen und einer farbigen Lichtdecke.

1 Hans Scharoun, Brief an Lubomír Šlapeta vom 17.02.1934, zitiert in: Klaus Kürvers, *Entschlüsselung eines Bildes – Das Landhaus Schminke von Hans Scharoun*, Dissertation im Fachbereich Architektur an der Hochschule der Künste, Berlin, 1996.
2 Ebda.
3 Ebda.

Ansicht vom Garten
Wohnzimmer mit Blick in den Garten

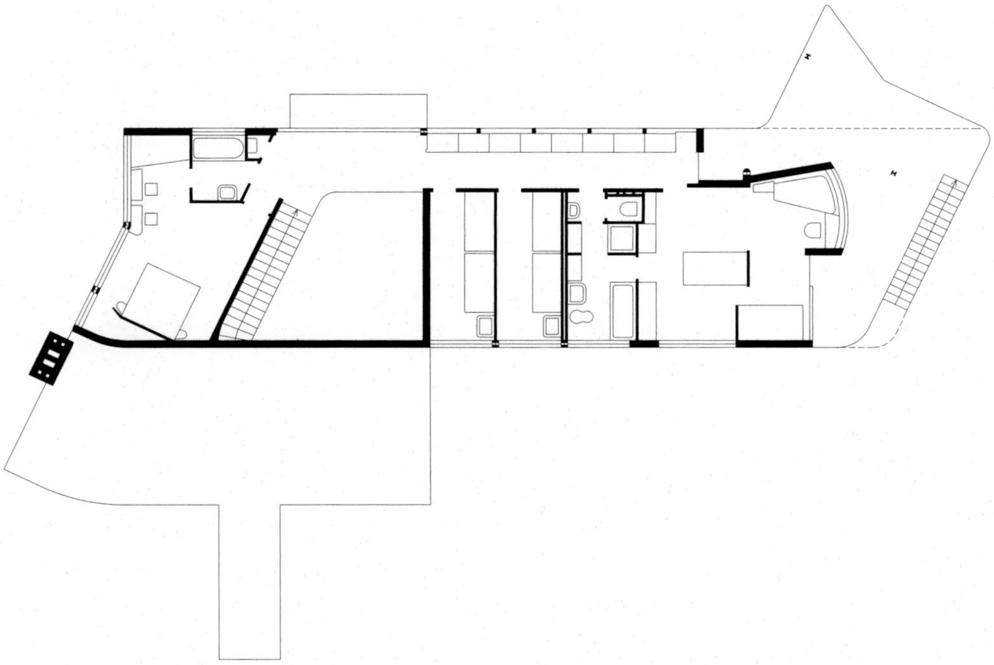

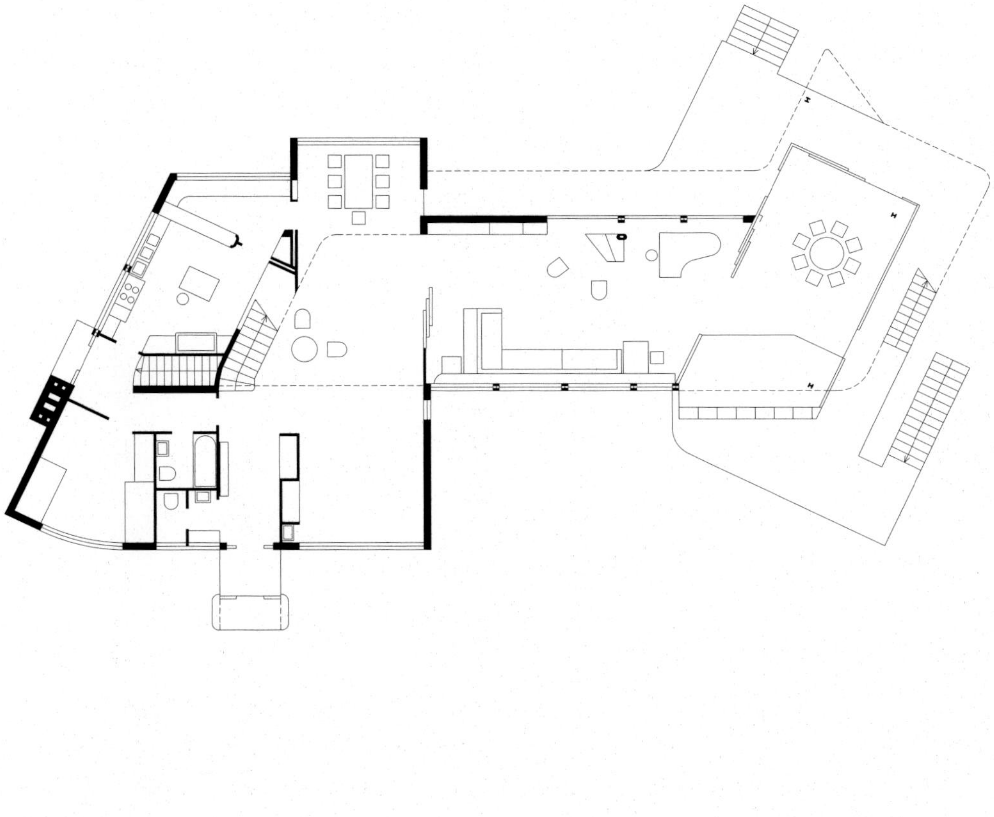

Grundriss Obergeschoss
Grundriss Erdgeschoss

Ansicht von Südost
Ansicht von Osten

Ansicht von Norden
Ansicht von Nordwest
Ansicht von Westen

Ansicht von Nordost
Wintergarten

Blick vom Wohnzimmer zum Wintergarten
Blick vom Wintergarten nach Süden

SIEDLUNG ZWEIBRÜCKER STRASSE

Berlin-Spandau, 1930–40 (mit Adolf Rading)

Den ersten Bauabschnitt der Siedlung realisierte Scharoun 1930–32 in der Bürogemeinschaft mit Adolf Rading. Dass es ihnen während der Wirtschaftskrise möglich war, hier so umfangreich zu bauen, lag daran, dass die Wohnungen als vorrangig galten, da sie speziell für kinderreiche Familien konzipiert waren.[1] Die Zeilenbauweise war systematisch in Nord-Süd-Ausrichtung geplant, während der Wohnblock an der Zweibrücker Straße eine Torsituation bildet, indem der öffentliche Straßenraum überbaut wird.

Der zweite, 1933–40 von Scharoun realisierte Bauabschnitt folgt mit steilen Dächern den Gestaltungsvorgaben der Nationalsozialisten. Nun wurden die Zeilen mit monumentalen Kopfbauten an der Chaussee im Norden versehen, an die sich eingeschossige Ladenanbauten angliedern. Der Freiraum zwischen den Zeilen war nun kein kollektiver mehr, sondern in private Gärten unterteilt.

1 „Auftraggeber war die ‚Gemeinnützige Wohnstättenbaugesellschaft m.b.H.' in Berlin, deren Geschäftsanteile zu neunzig Prozent dem ‚Bund der Kinderreichen' gehörten." Christine Hoh-Slodczyk, Andreas Tönnesmann, Norbert Huse und Günther Kühne, *Hans Scharoun – Architekt in Deutschland 1893–1972*, München 1992, S. 60.

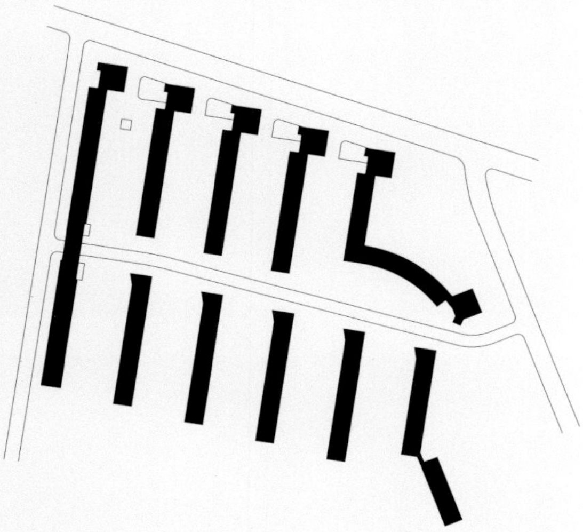

Lageplan
Wohnblock an der Zweibrücker Straße
Zweiter Bauabschnitt an der Zweibrücker Straße

Wohnblock an der Zweibrücker Straße
Erster Bauabschnitt: Zeilenbebauung
Zweiter Bauabschnitt

WOHNBEBAUUNG AM FLINSBERGER PLATZ

Berlin-Wilmersdorf, 1931–32

Das Mehrfamilienhaus liegt auf einem Eckgrundstück in einem Villenviertel gegenüber eines Parks mit benachbarten freistehenden Häusern.[1] Die Anlage setzt sich aus zwei L-förmigen und jeweils parallel zur Straße stehenden Flügeln zusammen, die sich an einer Ecke durchdringen, so dass sie einen Freiraum umgreifen. Die beiden Flügel sind vom Baukörper sowie im Grundriss spiegelbildlich aufgebaut. Lediglich die Fassaden sind unterschiedlich gestaltet. Während auf der einen Seite auskragende Erkerfenster um eine Gebäudeecke geführt sind, finden sich an der gleichen Position gegenüber dreieckig auskragende und abgerundete Balkone, um noch das Sonnenlicht von Süden zu erreichen. Aus dem gleichen Grund wurden auch die am schlechtesten belichteten Wohnungen mit kleinen, ebenfalls organisch geformten „Austritten" versehen.

1 Sowohl Bauherr als auch der Ausführende war der Bauunternehmer Georg Jacobowitz. Eine geplante Terrassierung des Freiraums wurde nicht realisiert. Siehe: Akademie der Künste, Berlin, Hans-Scharoun-Archiv, Mappe WV 86. Der Bau war 1944 ausgebrannt und wurde 1963 wieder ausgebaut, aber nicht von Scharoun.

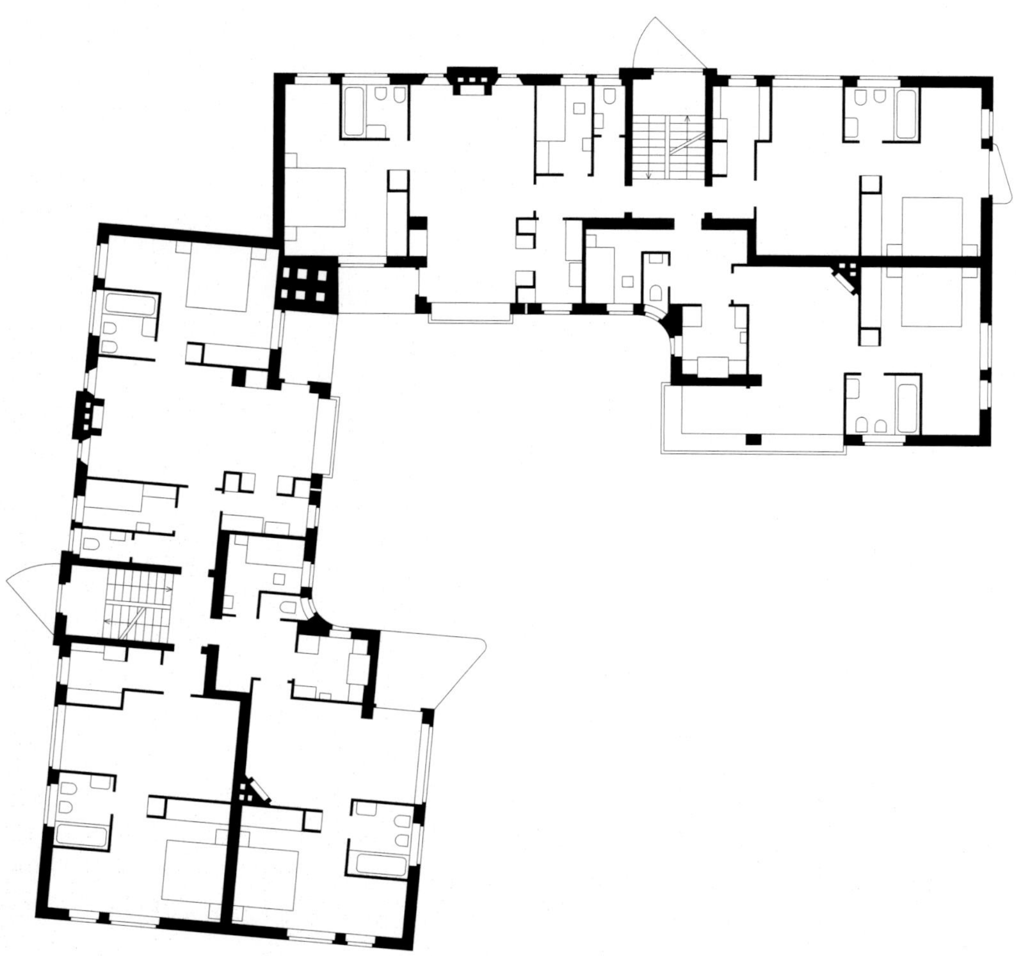

Grundriss

Ansicht von Südost
Ansicht von Südwest

HAUS SCHULDENFREY

Berlin-Dahlem, 1931–32

Das Gebäude setzt sich aus zwei unterschiedlich großen Baukörpern mit Pultdächern in entgegengesetzter Richtung zusammen. Das kleinere der beiden Volumen ist mit Ziegeln verkleidet, die ebenfalls beim größeren verputzten Volumen als Sockelband in Erscheinung treten. Der Grundriss ist klar unterteilt in zwei parallele Zonen, einem „dienenden" und einem „bedienten" Bereich. Der „bediente" Raum des zusammengefassten Wohn- und Esszimmers öffnet sich zur Terrasse, von der ein paar Stufen zum Garten hinabführen. Der Bau schottet sich vom öffentlichen Straßenraum ab und öffnet sich zur privaten Seite des Gartens. Die markante Dachform bildet einen Kontrast zu den konventionellen Dächern der benachbarten Häuser und stieß zunächst auf Widerstand der Baupolizei.[1] Am Entwurf dieses Hauses für den Ingenieur Karl Schuldenfrey war anfänglich auch Adolf Rading beteiligt, mit dem Scharoun zu der Zeit eine Büropartnerschaft unterhielt.

1 Dies geht aus den Bauakten hervor. Vgl. Denkmaldatenbank des Landesdenkmalamts Berlin, Obj.-Dok.-Nr.: 09011957.

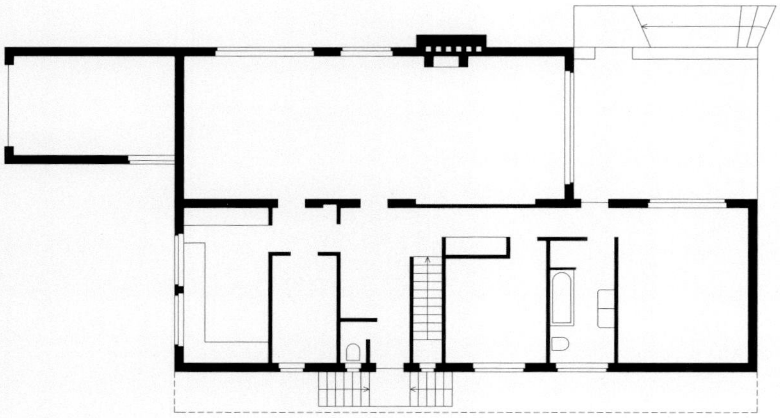

Grundriss
Straßenansicht

Garage
Eingang
Gartenansicht

DAS WACHSENDE HAUS

Berlin-Charlottenburg, 1932, zerstört

Das demontierbare Haus, das Scharoun für die Ausstellung „Sonne, Luft und Haus für Alle!" auf dem Berliner Messegelände errichtete, war als ein Prototyp konzipiert. Das Baukastensystem, das er bereits mit dem transportablen Holzhaus auf der Bauausstellung in Liegnitz propagierte, wurde im Rahmen des Wettbewerbs „Das wachsende Haus" nun weiterentwickelt. Ergebnis dieser Bauausstellung waren Gebäude, die eher an Wochenendhäuser in Schrebergärten erinnern als an dauerhaft bewohnte Einfamilienhäuser. Dies spiegelt die Situation der Wirtschaftskrise wider, als Deutschland 1932 den Tiefpunkt der Rezession erreichte. Das Haus ist auf einem Raster von 1,05 Metern aufgebaut – vier Module breit und zwölf Module lang – und sollte in unterschiedlichen Bauabschnitten und Größen realisiert werden. Jede Moduleinheit, die als „Baukaro" bezeichnet wurde, sollte 100 Reichsmark kosten und es so den Bewohnern ermöglichen, nicht nur die Grundrisse auf Karopapier selbst zu zeichnen, sondern dabei immer auch gleich den Baupreis zu wissen.

Trotz der Minimierung der einzelnen Raumabschnitte konnte dem Haus eine gewisse Weiträumigkeit im Inneren verliehen werden, da eine Achse quer durch das Haus läuft. Der Wohn- und Schlafraum mit zwei separaten Couchbetten konnte durch eine Harmonika-Schiebetür vom Essbereich abgetrennt werden, und zwischen dem Essbereich und der Eingangszone sowie dem Kinderzimmer und dem Gewächshaus ermöglichten Glastüren einen Durchblick. Die übrigen Raumbereiche ließen sich durch Vorhänge voneinander separieren. Scharoun trieb die Ökonomie des Grundrisses so weit, dass „Tagräume" in „Nachträume" umgewandelt werden sollten.[1] So waren Klappbetten mit darüberliegenden Gepäcknetzen – wie in einem Schlafwagen – vorgesehen.

Obwohl die streng orthogonale Struktur von den organischen Formen seiner Wohnhäuser abweicht, hielt Scharoun später weiterhin an der „Grundriss-Ökonomie" fest. Das Konzept eines variablen Baukastensystems jedoch, das den Bewohnern eine Partizipation ermöglicht, blieb Utopie.

1 Vgl. den Erläuterungsbericht von Hans Scharoun, in: Peter Pfankuch (Hrsg.), *Hans Scharoun – Bauten, Entwürfe, Texte*, Berlin 1974, S. 98–99.

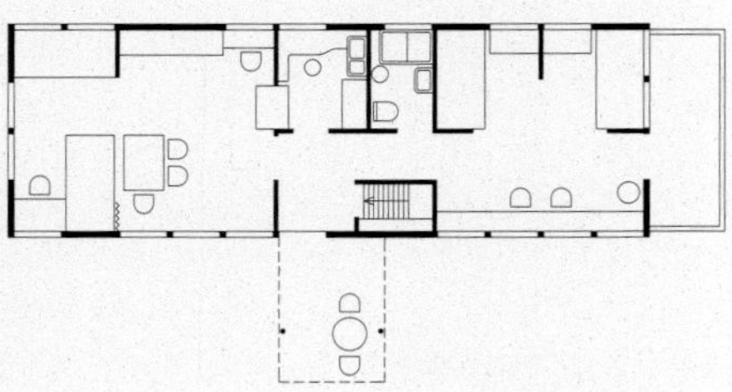

Grundriss
Terrasse vor dem Hauseingang
Schlafraum mit Zugang zum Wintergarten

HAUS MATTERN

Potsdam, 1932–35

Das Haus war konzipiert für die Landschaftsarchitekten Hermann Mattern und Herta Hammerbacher und deren 1930 geborene Tochter. Es liegt im Potsdamer Stadtteil Bornim in der Nähe der Gärtnerei von Karl Foerster, mit dem sie zusammenarbeiteten.[1] Da sie tagsüber außerhalb des Hauses tätig waren, war neben der Schlafkoje des Kindes eine weitere für ein Kindermädchen geplant. Das angegliederte Kinderspielzimmer ist so angeordnet, dass es sowohl vom Wohnzimmer und Arbeitszimmer als auch vom Garten einsehbar ist. Während Schlafzimmer, Bad und Küche auf das absolut Notwendigste minimiert sind, wurden Wohn-, Ess- und Arbeitszimmer zu einem großen T-förmigen Raum zusammengefasst.

Auch wenn der Bau zunächst als ein kompakter Block erscheint, wird er durch die großflächige Verglasung und die Verzahnung des Baukörpers mit dem Garten zu einer offenen, in die Landschaft ausgreifenden Struktur, bei der auch im Innenraum ein unmittelbarer Bezug zum Garten geschaffen wurde. Ähnlich wie bei Mies van der Rohes Haus Lemke ermöglicht eine komplette Wand aus Industrieverglasung eine maximale Durchdringung von Innen- und Außenraum. Das standardmäßig Industrielle wird hier allerdings kombiniert mit einer individuellen rustikalen Behandlung der Mauer, indem deren unverputzte Enden einen freien, unregelmäßigen Natursteinverband zeigen. Die strenge „Grundriss-Ökonomie" wird kombiniert mit der freien Geste einer geschwungenen Wand.

Für das 1934 fertiggestellte Haus entwarf Scharoun im folgenden Jahr einen Wirtschaftsflügel als Anbau mit einer Garage im Untergeschoss.[2] Für den Essraum schuf Oskar Schlemmer ein Wandbild.

1 Sie arbeiteten ebenso beim Garten dieses Hauses zusammen. Die Arbeitsgemeinschaft Foerster-Mattern-Hammerbacher bestand auch nach Januar 1935 fort, als sich Mattern und Hammerbacher scheiden ließen.

2 Der von Scharoun am 28.05.1935 unterzeichnete Plan des Anbaus befindet sich im Archiv des Architekturmuseums der TU Berlin, Inv.-Nr. HH 0051, 010.

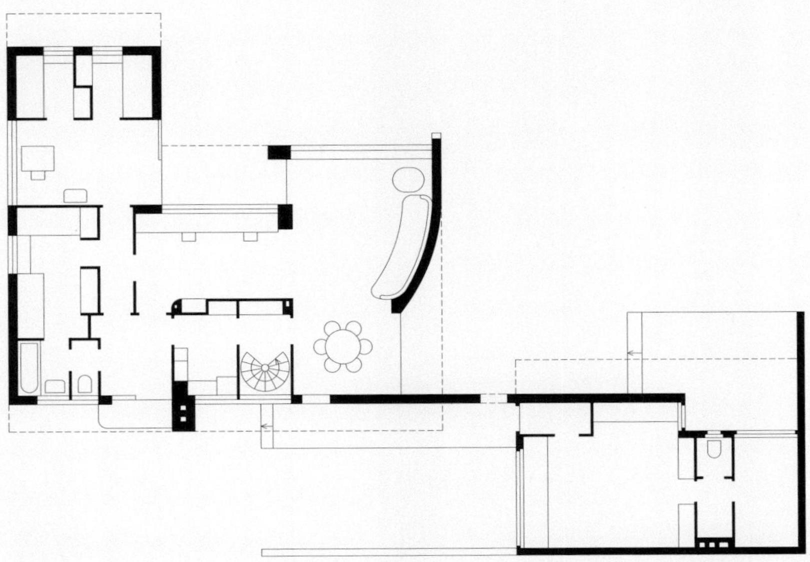

Grundriss
Gartenansicht
Wohnraum mit Sofa

Eingangsseite
Gartenseite

Gartenseite
Wandbild von Oskar Schlemmer

HAUS STRAUSS

Berlin-Dahlem, 1933–37

Die Bauherrin Sophia Strauß erwartete für sich und ihren Ehemann, den Pianisten Johannes Strauß, ein Haus, das auf kleinstem Raum dennoch ein Aufstellen von zwei Flügeln ermöglichte. Sein Konzept erläuterte Scharoun in Hinblick auf die Bedürfnisse: „Die gestellte Aufgabe für den Entwurf war, eine einfache, aber denkbar nutzungsfähige Lösung zu finden, die die Aufteilung des Hauses (durch Schiebewände und Vorhänge) für Unterrichtszwecke, Besuchsempfang etc. und die Zusammenfassung bei festlichen Anlässen [...] gestattet. Alle Raumteile, Essnische, Wohnraum, Schlafraum können praktisch und optisch zu einer Raumeinheit zusammengefügt werden, so, dass sämtliche Sitzplätze Sicht zum Flügel hin gestatten und durch Einbeziehung der Dachschrägen, der Deckenform, der Gartenausblicke etc. eine möglichst große Weite im Räumlichen entsteht."[1]

Die geeignete Akustik wurde durch eine Tonnenform der Decke erzielt. So entstand im zentralen Raum, zu dem ein paar Treppenstufen hinabführen, eine Raumhöhe am Klavier von annähernd vier Metern. Dieser Raum, der im Grundriss nach Süden und zum Garten hin gedreht ist, lässt sich durch eine Schiebewand mit dem Schlafraum erweitern.

Der Entwurf stieß auf den Widerstand der Baupolizei, die das Projekt zunächst nicht genehmigte, da sich der Neubau nicht harmonisch den vorhandenen Bauten der näheren Umgebung anpasse. Gefordert war ein steileres Dach. Kompromisslos war Scharoun allerdings bei der Gestaltung des Inneren des Hauses, wie sich in einem Brief an die Baudirektion zeigt. „Wir lehnen aber noch einmal ausdrücklich ab, dass die Gestaltung der privaten Sphäre und des persönlichen Lebensraumes in die Diskussion einbezogen wird."[2]

Das Haus wurde in den 1960er Jahren erweitert und in den 1980er Jahren aufgestockt und so abermals stark verändert, so dass heute von der Straßenseite nichts mehr vom ursprünglichen Bau zu erkennen ist. Die innere Raumfolge mit dem zentralen Musikraum ist allerdings noch erhalten.

1 Hans Scharoun in einer als „Erläuterungsbericht" bezeichneten Baubeschreibung, Akademie der Künste, Berlin, Hans-Scharoun-Archiv, Mappe WV 125.
2 Brief vom 05.04.1936 an die Preußische Bau- und Finanzdirektion, Akademie der Künste, Berlin, Hans-Scharoun-Archiv, Mappe WV 125.

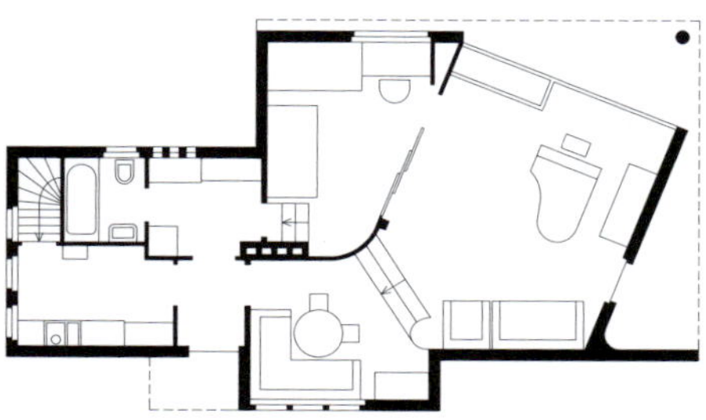

Grundriss
Fenster vom Musikraum in den Garten

HAUS NOACK

Potsdam, 1934, Umbau

Das Haus liegt im Potsdamer Stadtteil Nedlitz auf einer Landzunge am Jungfernsee und ist an drei Seiten von Wasser umgeben. Scharoun baute das kleine, eingeschossige Haus lediglich um und konzentrierte sich dabei auf den Innenausbau. Entworfen war es von den Architekten Walter Kuhnert und Karl Pfeiffer.[1] Scharoun erweiterte und unterteilte den zentralen Wohnraum und öffnete ihn durch eine Glaswand zum See. Die mit filigranen Stahlprofilen eingefassten Glasfelder sind verschiebbar und ermöglichen eine maximale Öffnung und Erweiterung des Raums zur überdachten Terrasse. Scharoun unterteilte den zentralen Innenraum durch ein fest eingebautes Sofaelement und erweiterte den Raum durch ein seitlich angegliedertes Kabinett mit einer niedrigeren Raumhöhe. In dieser Nische ist ein weiteres Sofa fest installiert. So schuf Scharoun auf engstem Raum ein Raumgefüge, bei dem Ess-, Wohn- und Arbeitsbereich zwar voneinander separiert, aber zugleich auch als ein Raumkontinuum miteinander verbunden sind.

1 Den Garten gestaltete Hermann Mattern. Benachbart ist das Haus Benkhof, ebenfalls von den Architekten Kuhnert & Pfeiffer entworfen und von Scharoun umgebaut.

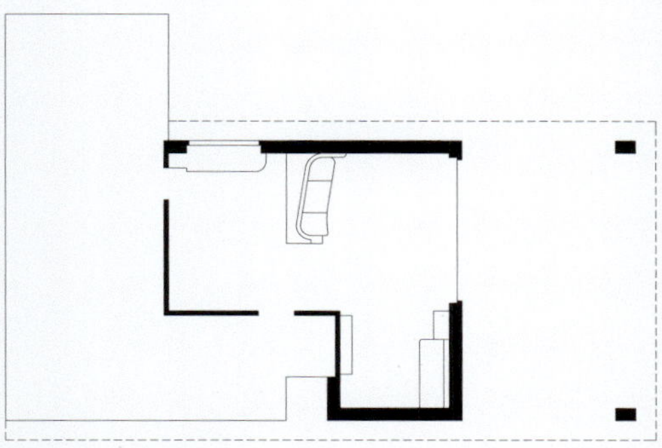

Grundriss
Sofaelement
Glaswand mit Schiebetüren

HAUS BAENSCH

Berlin-Spandau, 1934–35

Der Grundriss des Hauses wurde systematisch von innen nach außen entwickelt. Das Haus liegt auf einer Anhöhe am Rande der Havel an einer Stelle, an der sich der Fluss zur Seenlandschaft des Wannsees aufweitet. Das konvex geformte Sofa im Zentrum des Hauses ist exakt so platziert, dass es den besten Panoramaausblick über die Landschaft bis zum Grunewald in der Ferne bietet. Die spektakuläre Aussicht wurde konsequent inszeniert, auch indem das Fußbodenniveau verspringt und das Sofa an der Stelle des Versprungs fest eingebaut wurde. Der Grundriss ist wie ein Fächer organisiert. Die große Glaswand wölbt sich zum Garten, und die als Sitzbank nutzbare konkave Heizungsabdeckung umgreift den Innenraum. Die Terrassierung im Inneren setzt sich in dem von Hermann Mattern gestalteten Garten fort. Die großen Dimensionen des Raums werden durch eine Stahlkonstruktion ermöglicht, die sich in einer freistehenden Stütze zeigt, welche Scharoun als „Säule"[1] bezeichnete. Der zentrale Wohnraum erweitert sich zudem in unterschiedliche Richtungen.

Scharoun konnte sein Konzept, sämtliche Raumabschnitte in Hinblick auf die Nutzung verschieden zu gestalten, bei diesem Bau konsequent umsetzen. Beim Durchschreiten verändert sich das Raumgefüge permanent und erscheint dennoch immer als eine geordnete Einheit, auch weil der Bau in den Details extrem umfassend gestaltet wurde. Wie bei Mies van der Rohes Haus Tugendhat wurden auch hier Türbeschläge, Schiebewände, Vorhänge, ausfahrbare Verschattungselemente und Möbel im Sinne eines Gesamtkunstwerks mitgeplant, und auch hier ist der Essplatz in einer Nische mit einer gebogenen Wand angeordnet. Mit einer von Schiffen inspirierten Filigranität der Detaillierung schuf Scharoun ein vollkommen freies Raumgefüge, das der blockhafte Außenbau von der Straßenseite nicht vermuten lässt.[2]

1 Vgl.: Christine Hoh-Slodczyk, Andreas Tönnesmann, Norbert Huse, Günther Kühne, *Hans Scharoun – Architekt in Deutschland 1893–1972*, München 1992, S. 51.

2 Wie Scharoun den Baukörper gestaltet hätte, wenn er frei von den Gestaltungsvorschriften der Nationalsozialisten gewesen wäre, darüber kann nur spekuliert werden.

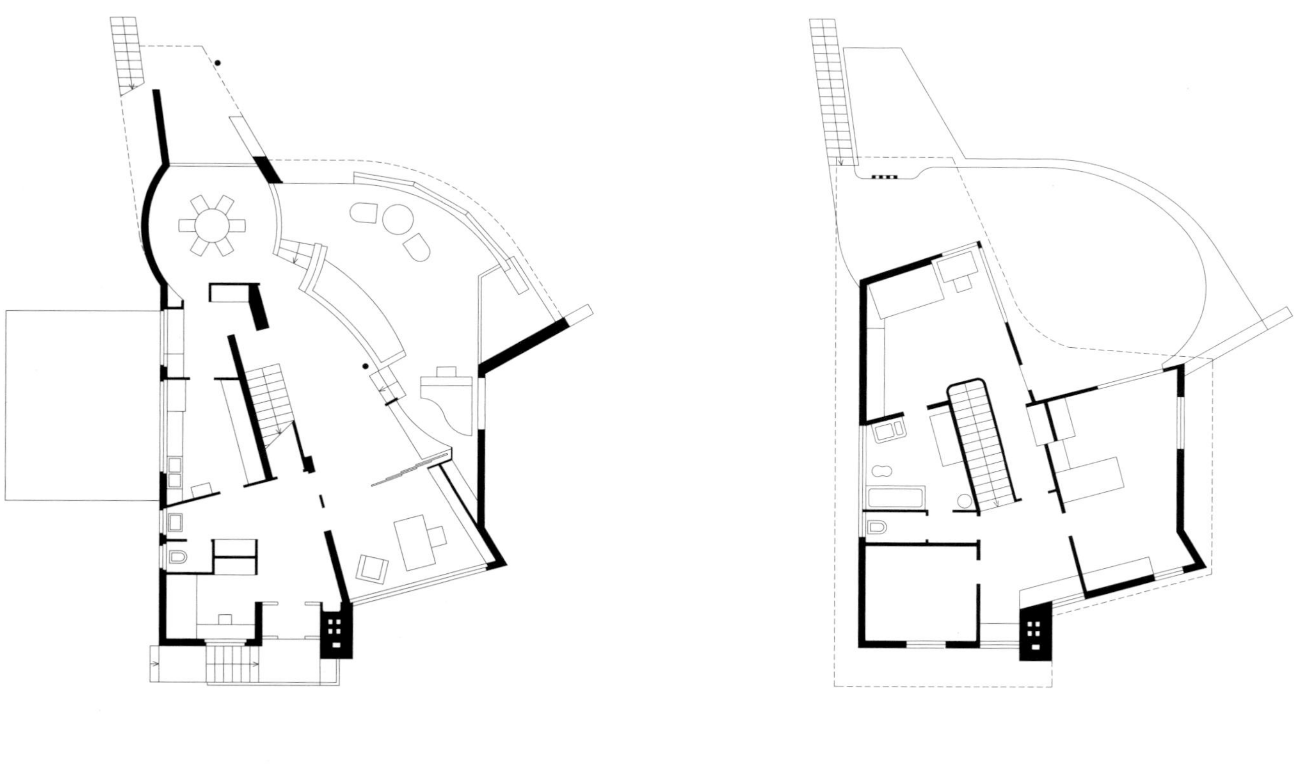

Grundriss Erdgeschoss
Grundriss Obergeschoss

Wohn- und Essbereich
Blumenfenster

Gartenansicht
Straßenansicht
Fest installiertes Sofa

HAUS WENZECK

Berlin-Frohnau, 1934–37

1 Vgl. Bauakte „Hainbuchenstraße 3, Berlin-Frohnau" im Bauaktenarchiv des Bezirksamts Reinickendorf von Berlin. Hier ist dokumentiert, dass ein erster Entwurf von 1934, der auch runde und schräggestellte Wände aufweist, verworfen wurde. Realisiert wurde eine verkleinerte Variante von 1935.

Das Haus für Paul und Emmy Wenzeck ist im Grundriss vollkommen orthogonal entworfen. Nur der Weg zum Haus ist um eine alte Kiefer herumgeführt. Der Weg führt über eine Treppenanlage im Garten zum Eingang hinauf, während die Garage eine Etage tiefer auf dem Niveau der Straße liegt. Über der Garage befindet sich, effizient organisiert, eine Zwischengeschossebene mit dem Badezimmer. Der Wohnraum öffnete sich über eine Veranda und ein Blumenfenster nach Süden, doch an dieser Seite zum privaten Garten wurde das Haus 1972 erweitert.[1] Zahlreiche weitere Umbauten führten am Außenbau zu komplett veränderten Oberflächen und Materialien. So sind die Fenster und Türen und auch das ursprüngliche Biberschwanzdach heute verändert. Ursprünglich waren die Putzflächen gekratzt und getönt und der Sockelbereich wie der mittlerweile abgebrochene Kamin mit Klinkern verblendet. Die Kubatur des Hauses blieb erhalten.

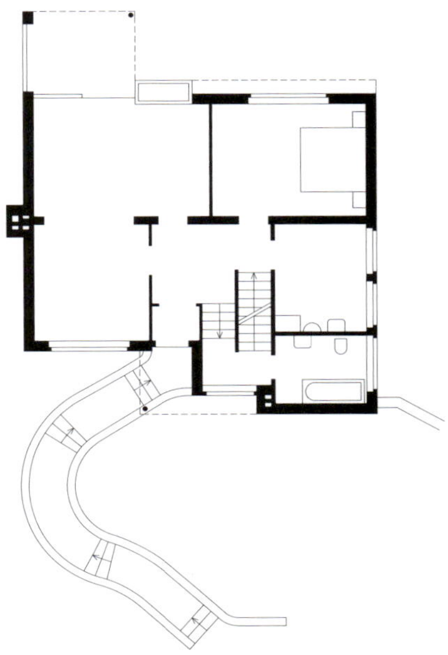

Grundriss
Ansicht
Straßenansicht

HAUS HOFFMEYER

Bremerhaven, 1935

Scharoun baute das Haus für den Bruder seiner Frau, den Rechtsanwalt Hans Helmuth Hoffmeyer, mit dem er seit seiner Jugend befreundet war. Auch wenn der Bau beim Durchschreiten als räumlich vielschichtig und komplex erlebt wird, ist der Grundriss aus sehr klaren geometrischen Flächen komponiert. Ein quadratischer Teil, über den der Bau erschlossen wird, überlagert sich mit einer Fläche von gleicher Länge und den Proportionen des Goldenen Schnitts, so dass ein L-förmiger Baukörper entsteht, der als solcher auch im Inneren erfahrbar ist. Verlängert wird die Abfolge von Wohn- und Esszimmer mit einem weiteren, ein halbes Geschoss tiefer gelegenen Wohnraum, der sich mit einer gebogenen Fensterwand in den Garten wölbt. Die Raumabfolge wird in eine zweite Richtung mit einem Wintergarten und einer überdachten Terrasse abgeschlossen, nun allerdings ein halbes Geschoss erhöht. Zwei offene Treppenhäuser ermöglichen unterschiedliche Rundwege durch das Haus.

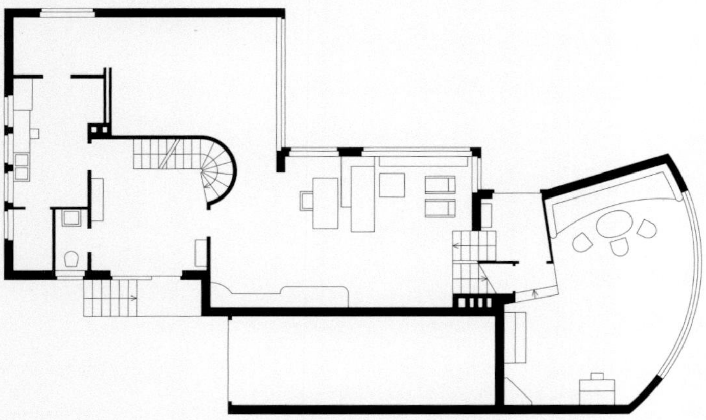

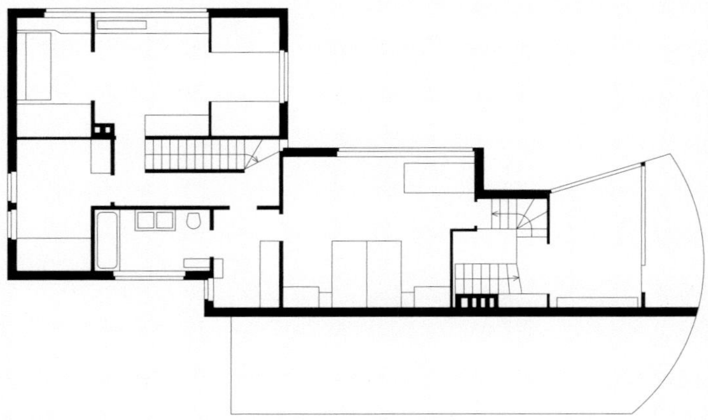

Grundriss Erdgeschoss
Grundriss Obergeschoss
Südseite

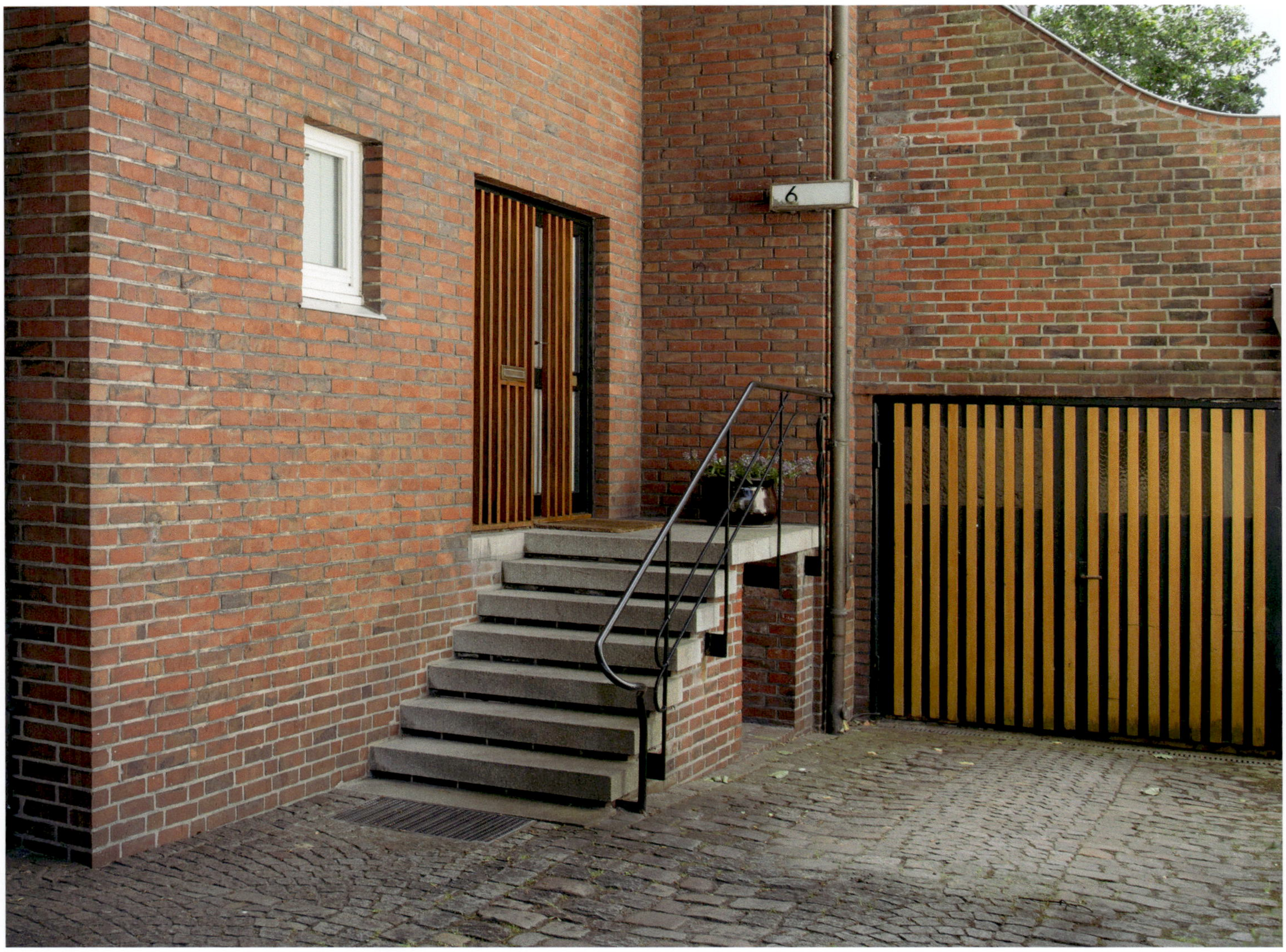

Westseite
Eingang

HAUS PFLAUM

Falkensee, 1935

Das Haus wurde in Falkensee bei Berlin an einen steilen Hang gebaut. Von jeder Seite erscheint der Bau vollkommen unterschiedlich. Der Zugang erfolgt von unten, während die zentralen Räume im oberen Geschoss angeordnet sind. Dabei ist das Haus fest in dem von Hermann Mattern gestalteten Garten verankert. Diese Verankerung wird betont, indem die Wände neben der Garage und neben der oberen Terrasse mit abgeböschten, groben Steinmauern verstärkt sind, so dass suggeriert wird, das Gebäude wachse aus der Landschaft heraus. Diese Eigenschaft wird ebenfalls durch zwei, den Bau umgreifende Außentreppen zum Ausdruck gebracht. Im Grundriss gliedern sich die unterschiedlichen, individuell ausgeformten Raumzonen um einen runden Bereich im Zentrum, der für den Essplatz konzipiert war. Auch hier entwarf Scharoun, auf die spezifische räumliche Situation dieses Gebäudes zugeschnitten, ein Sofa, das heute jedoch nicht mehr erhalten ist.

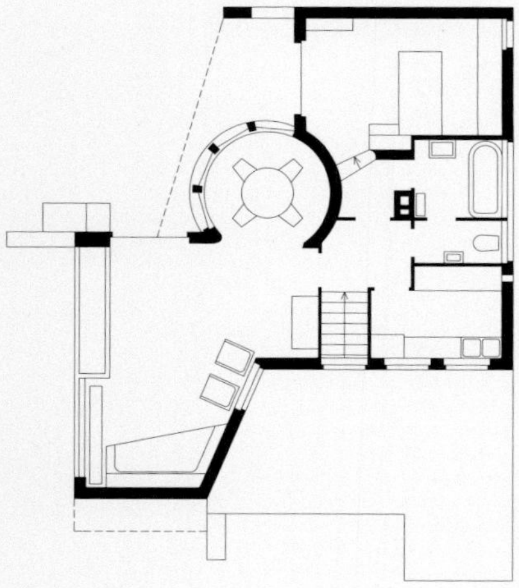

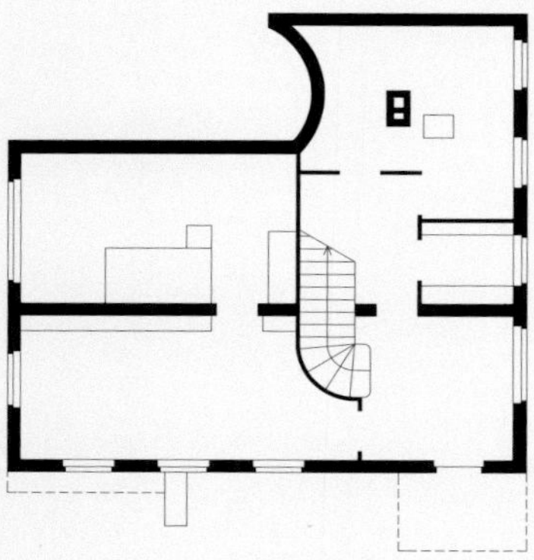

Grundriss Obergeschoss
Grundriss Erdgeschoss
Südseite

Ostseite

Oberer Garten
Zugang zum Haus

WOHNBEBAUUNG IM HOTTENGRUND

Berlin-Kladow, 1935–36

Die Siedlung liegt an der äußersten südwestlichen Peripherie der Stadt in der Nähe eines ebenfalls 1935 erbauten Militärflugplatzes und war für dessen Mitarbeiter bestimmt. Bauherr war die Gemeinnützige Wohnstättenbaugesellschaft.[1] Die sich aus Mehrfamilien- und Einfamilienhäusern zusammensetzende Bebauung fügt sich durch einen aufgelockerten Städtebau in die bewaldete Landschaft ein. Trotz der unregelmäßigen Anordnung folgen die Bauten einer Systematik, da sie sich aus Modulen von jeweils vier Wohnungen zusammensetzen. Mal sind sie freistehend, mal verdoppelt oder in einer Zickzackform aneinandergereiht. Auch die Einfamilienhäuser ließen sich zu einem Doppelhaus kombinieren. Während des Entwurfsprozesses probierte Scharoun unterschiedliche Anordnungen innerhalb des Systems.[2] Das hier entwickelte Modul wiederholte er in der Wohnanlage „Im Eichengrund", ebenfalls mit den damals vorgeschriebenen Satteldächern im Sinne des Heimatstils.

1 Christine Hoh-Slodczyk, Andreas Tönnesmann, Norbert Huse, Günther Kühne, *Hans Scharoun – Architekt in Deutschland 1893–1972*, München 1992, S. 65.

2 Vgl. Akademie der Künste, Berlin, Hans-Scharoun-Archiv, Mappe WV 136.

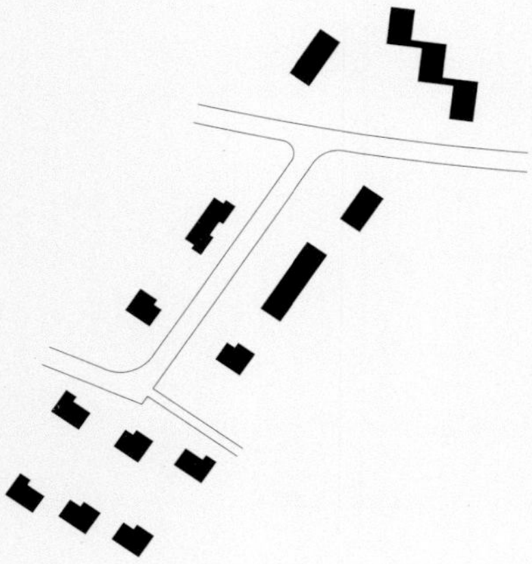

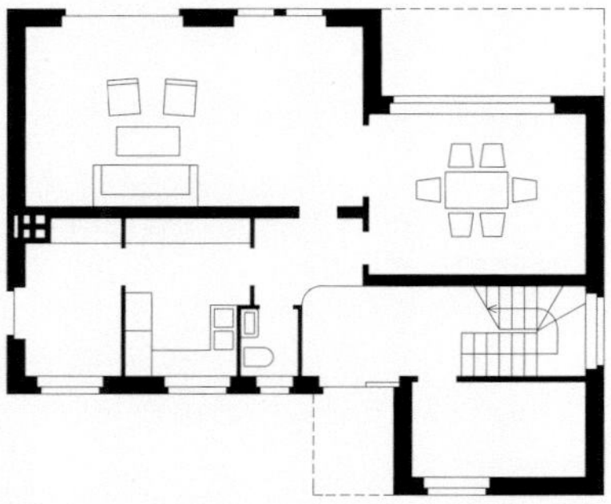

Lageplan
Grundriss Einfamilienhaus
Mehrfamilienhaus

Mehrfamilienhaus
Einfamilienhaus

HAUS MOLL

Berlin-Grunewald, 1936–37, zerstört

Scharoun baute das Wohn- und Atelierhaus für die befreundeten Künstler, den Maler Otto Moll und die Bildhauerin Marg Moll, deren Werke im Jahr der Fertigstellung des Hauses in der Ausstellung „Entartete Kunst" gezeigt wurden. Nur ein paar Jahre später wurde der Bau 1944 zerstört. Das Grundstück liegt direkt am Halensee, so dass der Blick auf den See die Konzeption des Hauses prägte. Das Bauwerk und der von Hermann Mattern gestaltete Garten verbinden sich zu einer Einheit. Das Haus war innen wie außen in Beige- und Ockertönen gehalten, bis auf die drei horizontalen Brüstungsbänder des Balkons, die gelb lackiert waren.[1]

Im Haus verbindet eine diagonal verlaufende Treppe die auf Zwischenebenen angeordneten Räume. Diese diagonale Erschließungsachse teilt das Haus in zwei Bereiche, die in der Höhe versetzt sind, so dass Zwischengeschosse ermöglicht werden. In dem an sich zweigeschossigen Bau verteilen sich die Räume auf insgesamt neun Ebenen! Von der Eingangshalle führt ein Weg hinunter zur Küche und zum Garten und einer nach oben. Schon nach ein paar Stufen hinauf öffnet sich ein Panorama quer durch das Haus und in den Garten bis zum See. Die Besucher befinden sich nun auf der Ebene des Essplatzes. Es öffnen sich Blickachsen in das Maleratelier hinauf und in das Bildhaueratelier hinab sowie in den Wohnbereich mit angegliedertem Musikzimmer auf einem Niveau zwischen beiden Ateliers. Der See ist auch vom Atelier auf der seeabgewandten Seite zu sehen, denn dieses ist mit einem Fenster zum Wohnraum versehen, so dass die Blickachse durch den Wohnraum verläuft. Schließlich führt der Weg weiter zu den privaten Schlafräumen und zu einem Badezimmer auf einer höheren Ebene hinauf. Zudem verbindet eine weitere Treppe den Essplatz direkt mit der Küche. Die Raumabschnitte konnten durch Seidenvorhänge separiert werden. Den überwölbten und durch eine Glasbausteinwand belichteten Essplatz umschloss ein Vorhang entlang einer kreisförmigen Schiene.

„Das Haus Moll", erklärte Scharoun, „setzt sich mit den Wesenheiten der Räume, mit ihrem Bezug untereinander, mit ihren wohntechnischen und wohnwirtschaftlichen Forderungen und mit ihren Bezügen zur Umwelt auseinander – Abhang, Raum durch Baumkronen und durch Gartengrund begrenzt, hervorragender Blickpunkt der Seespiegel. Hieraus ergibt sich [...] das Abgehen vom rechten Winkel im Grundriss. Das Haus Moll entstand im Gegensatz zur Auswirkung des geometrischen Prinzips auf der Grundlage des Schachtelsystems."[2] Die Räume seien nicht wie bei einer klassischen Villa „dem Gestaltungszwang der Geometrie"[3] unterworfen, sondern im Grundriss sowie im Schnitt ineinandergeschachtelt.

1 Auskunft von Brigitte Würtz, der Tochter von Otto und Marg (Margarete) Moll.
2 Hans Scharoun in einem Vortrag vom 22.06.1950 in Berlin, in: Peter Pfankuch (Hrsg.), *Hans Scharoun – Bauten, Entwürfe, Texte*, Berlin 1974, S. 116.
3 Ebda.

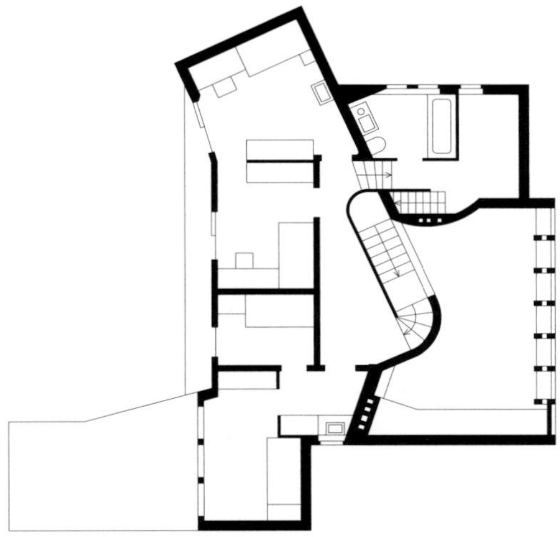

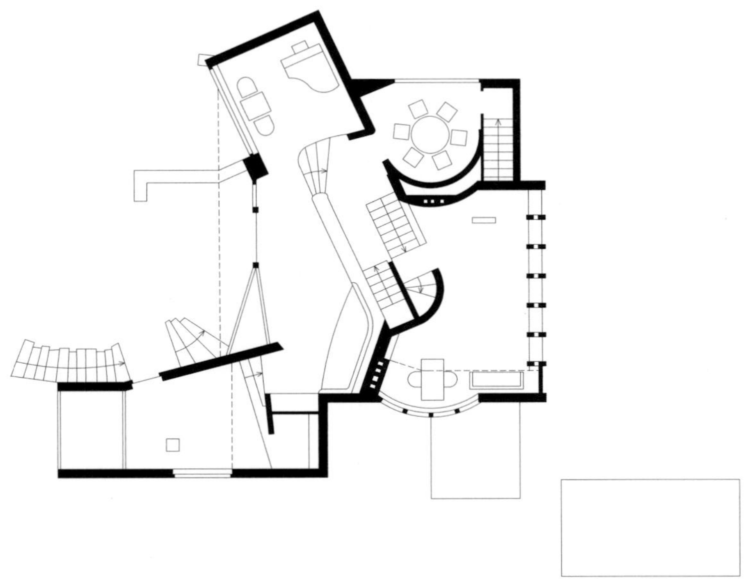

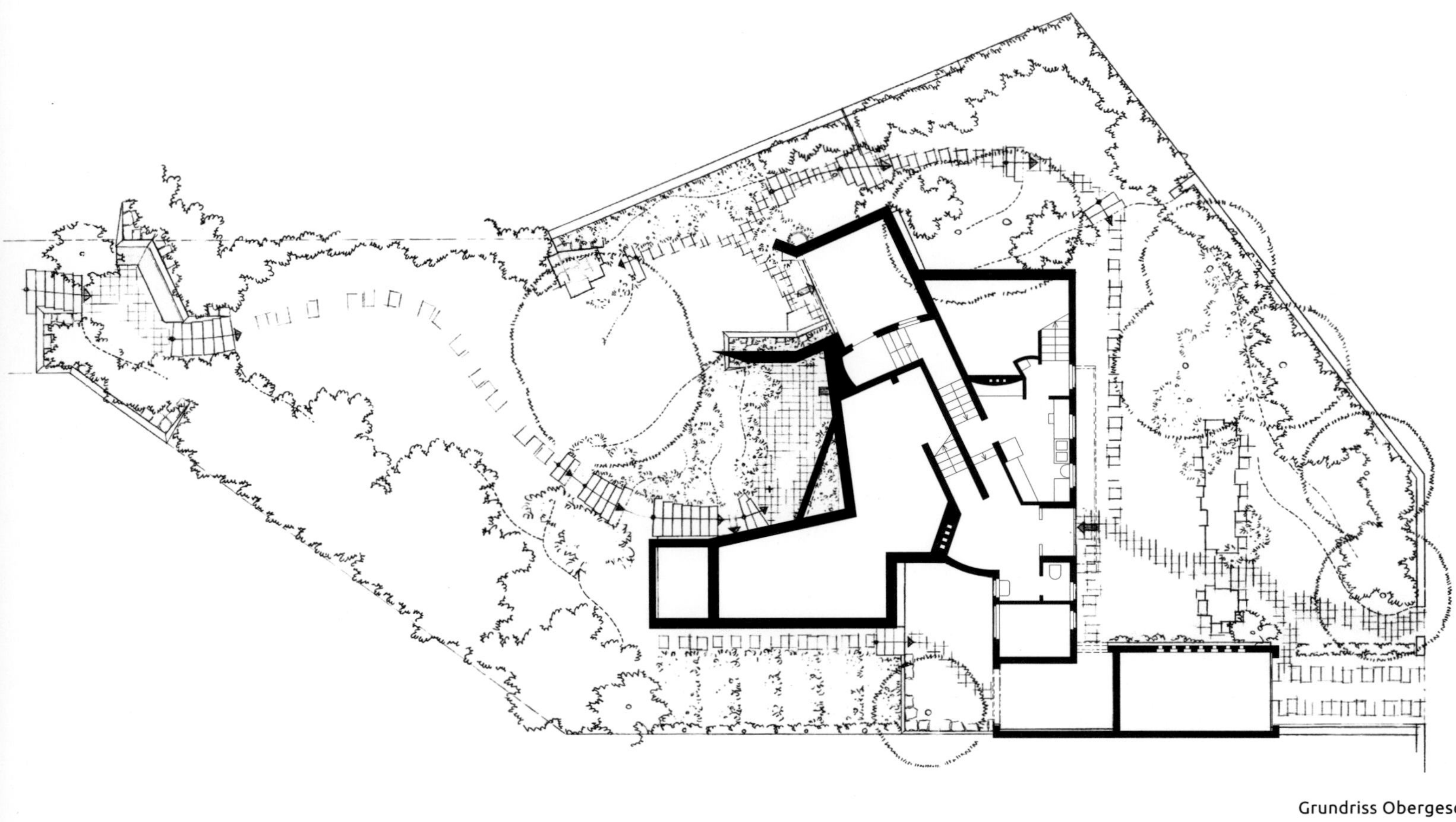

Grundriss Obergeschoss
Grundriss Zwischengeschoss
Grundriss Erdgeschoss

REIHENHÄUSER ELBESTRASSE

Bremerhaven, 1936–38

Die Reihenhausbebauung setzt sich aus zwei Bauabschnitten zusammen, einer 1937 fertiggestellten Zeile an der Elbestraße und einer im folgenden Jahr realisierten Zeile vom gleichen Typus an der angrenzenden Bleßmannstraße.[1] Die Häuser sind nicht gleichförmig aneinandergereiht, sondern jedes zweite Haus ist spiegelbildlich organisiert, so dass die Hauseingänge in Paaren nebeneinanderliegen und eine A-B-A-B-A-Rhythmisierung entsteht. Zu den Hauseingängen führen Treppen, deren Bewegung ein Metallhandlauf mit einer organischen Linie nachzeichnet. Auch die Ziegelmauer zwischen den Eingängen ist frei geformt.

Bei den Bauten an der Elbestraße handelt es sich heute um einen Wiederaufbau von 1951, der zudem noch stark verändert wurde. So hat mittlerweile jedes Haus eine andere Tür und andere Fenster sowie eine unterschiedliche Farbe, und auch die markanten Details der Eingänge wurden vielfach verändert.

1 Die Bebauung wurde im Werkverzeichnis unter den Nummern 141 (1936–37) und 144 (1937–38) auch als „Einfamilienhäuser" bezeichnet.

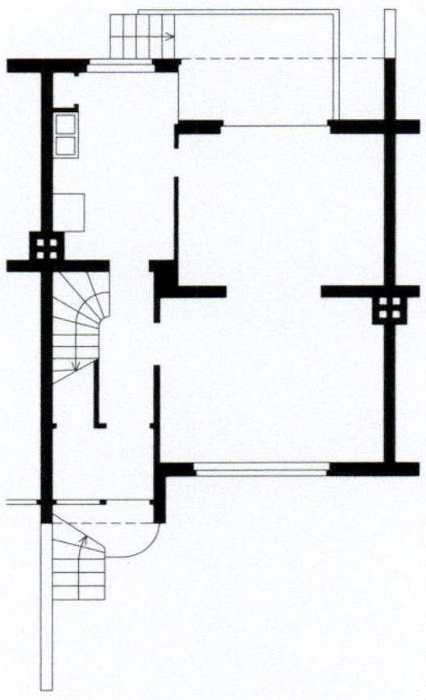

Bebauung an der Elbestraße
Grundriss Reihenhaus
Treppe zum Hauseingang

SIEDLUNG IM EICHENGRUND

Berlin-Heiligensee, 1936–38

Die Wohnanlage setzt sich aus vier Mehrfamilienhäusern und zwei Einfamilienhäusern zusammen, die zu einem Doppelhaus zusammengefasst sind. Auch wenn sämtliche Baukörper parallel zu den Straßen ausgerichtet sind, erscheint die Gruppierung aufgelockert und frei. Wie in der Siedlung „Im Hottengrund" in Berlin-Kladow ist das Areal bewaldet und der städtische Kontext durch eine Einfamilienhausbebauung geprägt. Während in Kladow jedoch die privaten Loggien teilweise auch zum öffentlichen Straßenraum ausgerichtet sind, so dass sie auf der Seite der Hauseingänge liegen, haben die Bauten in dieser Siedlung immer eine öffentliche und eine private Seite. Sämtliche Wohnungen öffnen sich Richtung Süden zu der von Hermann Mattern gestalteten Gartenanlage. Im Erdgeschoss verbinden sich die Wohnungen über Terrassen mit dem parkartigen Freiraum. Die Ziegelkonstruktion, die im Sockelbereich und an den Loggien in Erscheinung tritt, verleiht den Bauten einen Ausdruck des Schweren und Soliden, der durch die Ausbildung von gemauerten Bögen noch betont wird.

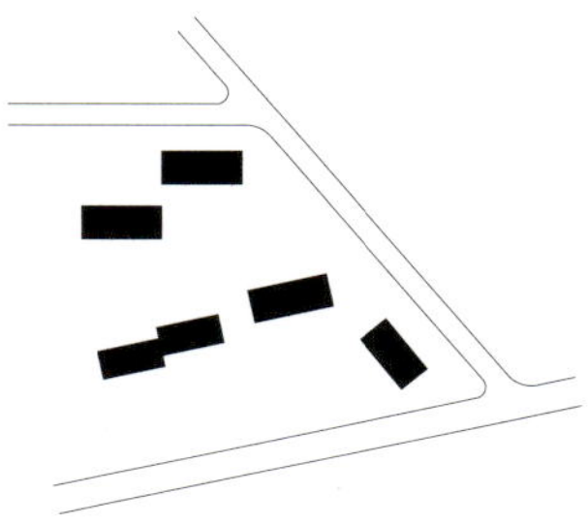

Lageplan
Eingangsseite
Loggien zu den Gärten

HAUS SCHARF

Berlin-Schmargendorf, 1936–38

Die Bauherrin Margarethe Scharf beauftragte Scharoun mit der Planung dieses weiträumigen Hauses, in dem auch Teile einer Kunstsammlung[1] untergebracht waren. Der Innenraum setzt sich nicht aus klassisch separierten Räumen zusammen, sondern ist durch eine zentrale Halle sehr offen gestaltet. Mit langen Blickachsen durch die Halle – auch diagonal von einer Ebene zur nächsten – werden die Dimensionen des Hauses erlebbar. Dies wurde durch Zwischengeschosse erzielt, indem ein Teil des Gebäudes um ein halbes Geschoss in der Höhe versetzt ist. Es wurde „das bisher übliche Prinzip der Raumumschließung verlassen und anstatt einer Reihe von Einzelräumen eine Folge von Raumwirkungen angestrebt"[2]. Das innere Raumgefüge dieses Hauses, das sich aus zwei separat erschlossenen Haushälften zusammensetzt, ist im größeren Teil mit einem holzverkleideten Tonnengewölbe überspannt. So konnte das von den Nationalsozialisten vorgeschriebene Steildach als ein Vorteil für eine flexible Innenraumgestaltung genutzt werden, indem die Räume höher und geräumiger werden als mit einer flachen Decke. Da im Innenraum die Konstruktion des hölzernen Dachstuhls als Tragstruktur in Erscheinung tritt, erhält die gewölbte Decke zudem einen membranhaften Charakter.

1 Margarethe Scharfs Vater Otto Gerstenberg war einer der bedeutendsten Sammler in Berlin. Heute gehört die Sammlung Scharf-Gerstenberg zur Nationalgalerie Berlin.
2 Diese Formulierung von 1924 stammt zwar von Ludwig Mies van der Rohe, der seine eigene Architekturintention beschrieb – in: Fritz Neumeyer, *Mies van der Rohe: Das kunstlose Wort – Gedanken zur Baukunst*, Berlin 1986, S. 309 –, doch auch Scharoun folgte diesem Ideal.

Halle mit Blick in den Wohnbereich
Halle mit Blick in das Arbeitszimmer

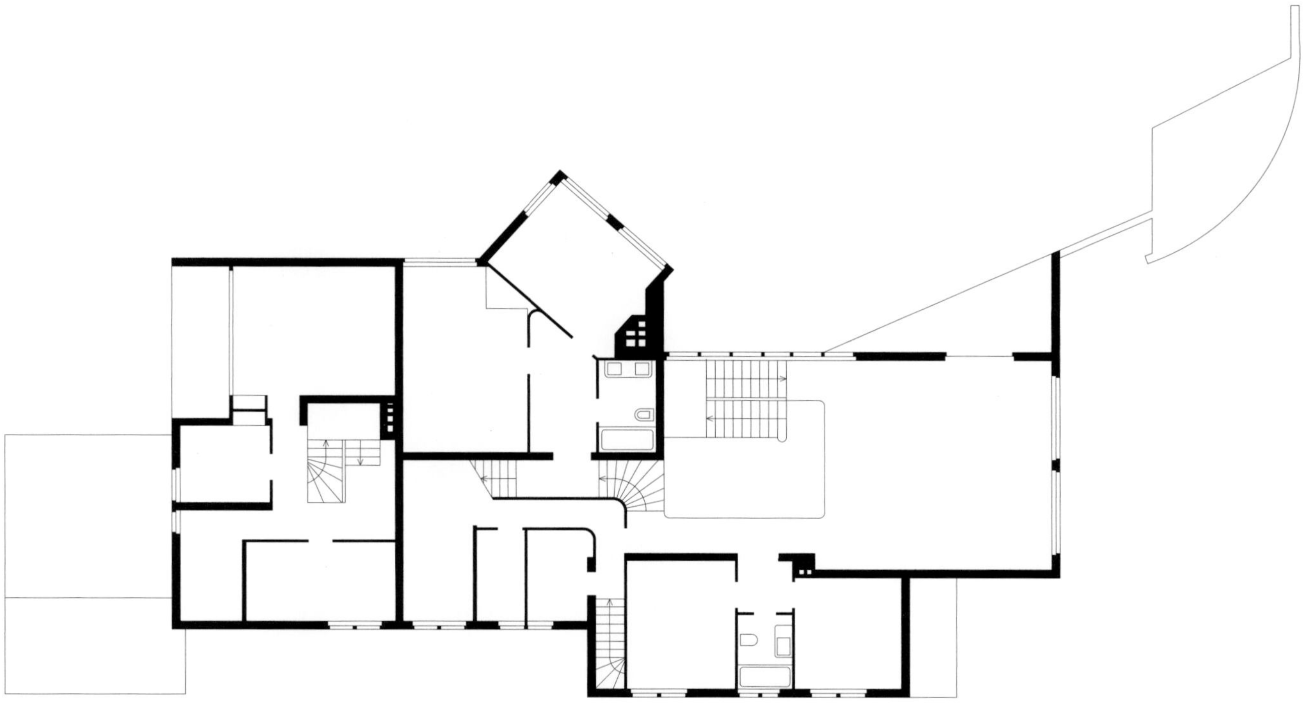

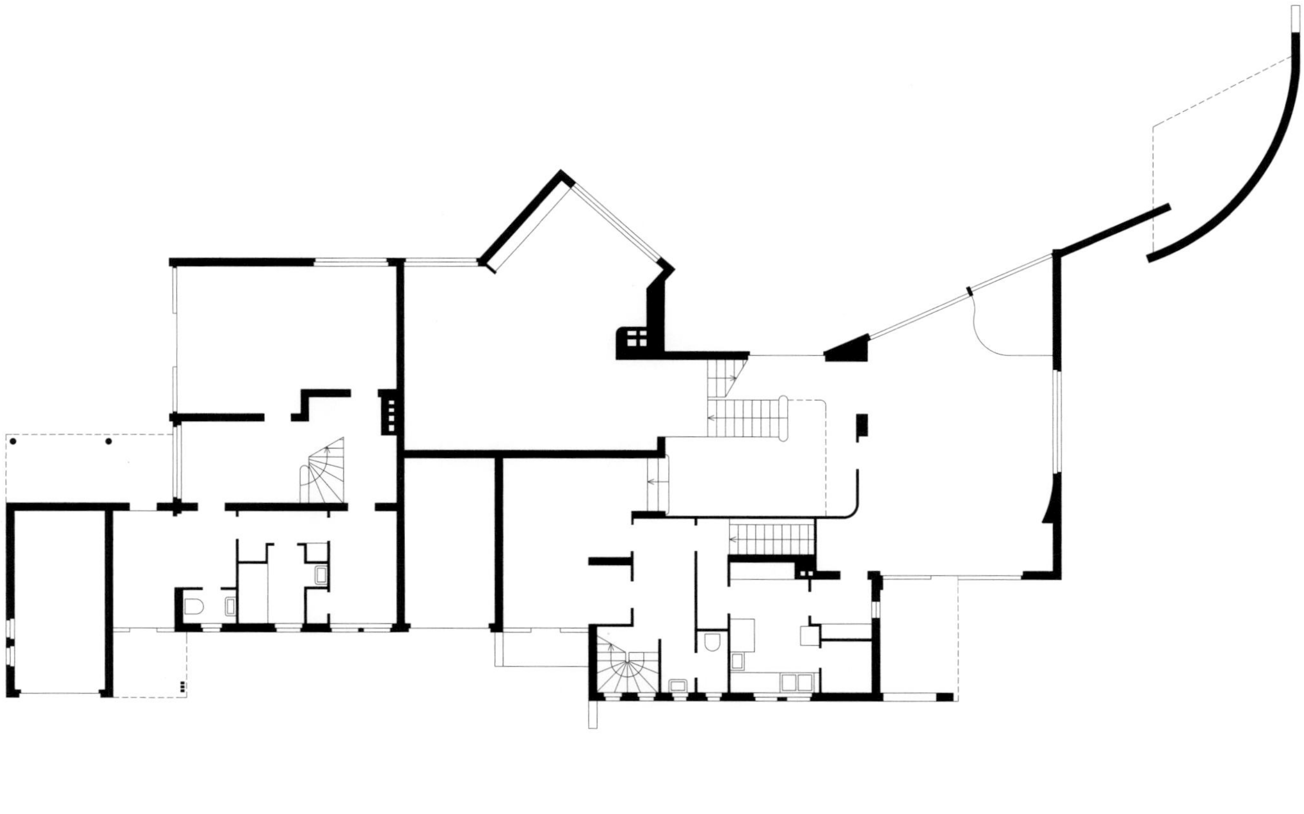

Grundriss Obergeschoss
Grundriss Erdgeschoss

Straßenansicht
Gartenansicht, Blick von Südost
Gartenansicht, Blick von Westen

WOHNBAUTEN KAISERSTRASSE

Bremerhaven, 1936–40

1 Andreas Tönnesmann führte diesen „Rückschritt" auf die Baudoktrin der Nationalsozialisten zurück, die Wohnküchen anstatt kleinen separaten Küchen forderte. Vgl.: Christine Hoh-Slodczyk, Andreas Tönnesmann, Norbert Huse, Günther Kühne, *Hans Scharoun – Architekt in Deutschland 1893–1972*, München 1992, S. 67–70.

In seiner Heimatstadt baute Scharoun in der heutigen Bürgermeister-Smidt-Straße zwei Wohnbauten für die Bremerhavener Wohnungsbaugesellschaft, einem Unternehmen, das von der Familie seiner Frau gegründet war. 1936–38 wurde zunächst der südliche, fünfgeschossige Bau mit einer Backsteinfassade in der Tradition der norddeutschen 1920er-Jahre-Siedlungen realisiert, bevor die Anlage in den folgenden zwei Jahren mit einem niedrigeren, verputzten Bau erweitert wurde. Auch wenn sich der zweite, für Marineoffiziere geplante Abschnitt im architektonischen Ausdruck von dem etwas früheren, benachbarten Backsteinbau unterscheidet, lässt auch er nicht die Autorschaft jenes Architekten erkennen, der die Berliner Siedlung Siemensstadt konzipiert hatte. Die Wohnungsgrundrisse mit einer großen Wohnküche haben mehr mit Scharouns früherer Siedlung der „Bunten Reihe" gemein als mit der Siedlung Siemensstadt, bei der Scharoun die Fortschrittlichkeit der Grundrisse insbesondere mit der Überwindung der zentralen Wohnküche erklärte.[1]

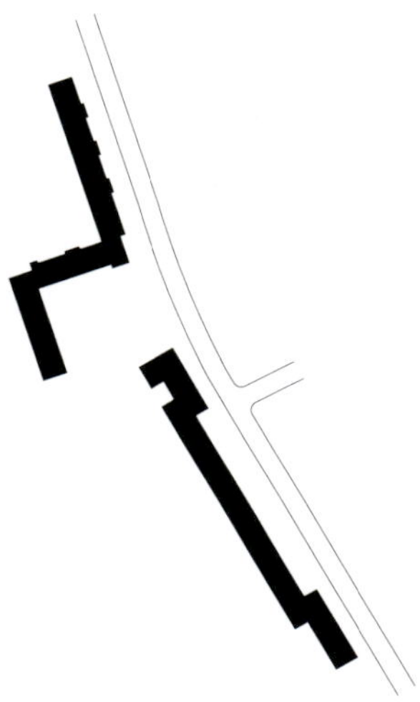

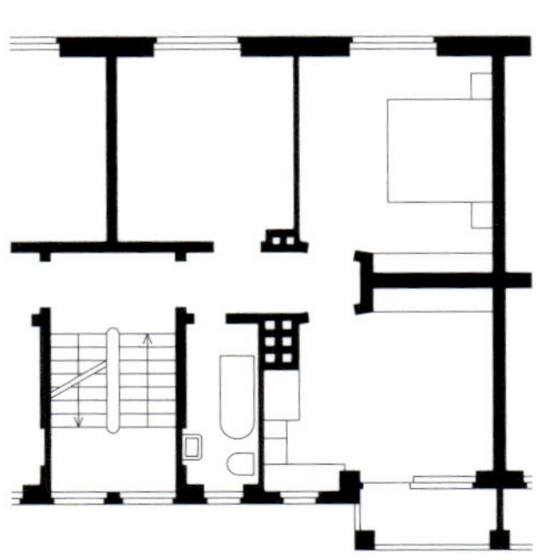

Lageplan
Grundriss Wohnung, zweiter Bauabschnitt

Erster Bauabschnitt im Süden
Zweiter Bauabschnitt im Norden

HAUS WEIGAND

Borgsdorf, 1937–39

Die Bauherrin Anne-Marie Weigand beauftragte Scharoun, nachdem dieser das Haus für ihren Onkel Oskar Moll gebaut hatte.[1] Das Grundstück liegt am äußersten Rand von Borgsdorf bei Berlin unmittelbar an einem Wald. Obwohl Scharoun einen organisch-freien Grundriss hinter traditionellen Fassaden und einem vorgeschriebenen Steildach „versteckte", wurde der Entwurf von der Baupolizei abgelehnt: „Der Mangel jeder Symmetrie, die Formlosigkeit, insbesondere des Anbaus sowie der Einschnitt an der Rückseite des Hauses, sind [...] Ausdruck einer Baugesinnung, die im nationalsozialistischen Deutschland nicht mehr gebilligt werden kann."[2] Zwar fiel die ausgeführte Variante nach einer Überarbeitung dann konventioneller aus, doch konnte die Idee einer asymmetrisch organisierten Abfolge von individuellen Räumen mit gerahmten Ausblicken und internen Durchblicken beibehalten bleiben.

Im Gebäude durchdringen sich zwei Baukörper, ein rechtwinkliger und ein hexagonaler, so dass ein sechseckiges Esszimmer und darüber ein sechseckiges Kinderzimmer mit einer zeltartigen Decke entstanden. Ursprünglich war der hintere Teil des Gebäudes als Gewächshaus ausgebildet und großflächig verglast. Der Wintergarten bestand nicht lange, wurde aber 2016 wieder rekonstruiert.[3]

1 Martin Petsch, „Zwischen ‚anständiger Baugesinnung' und Moderne – Das Haus Weigand von Hans Scharoun", in: *Brandenburgische Denkmalpflege*, Heft 2, 2013, S. 17–26.

2 Schreiben des Landrats vom 21.04.1938, zitiert in: ebda., S. 26.

3 Das Haus wurde vom Berliner Architekturbüro Axel Balzereit denkmalgerecht renoviert.

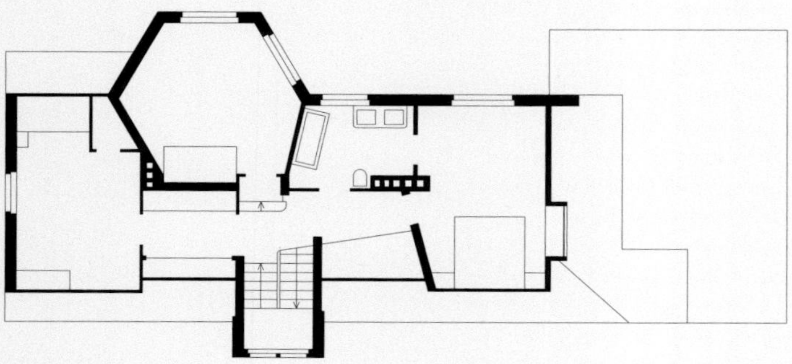

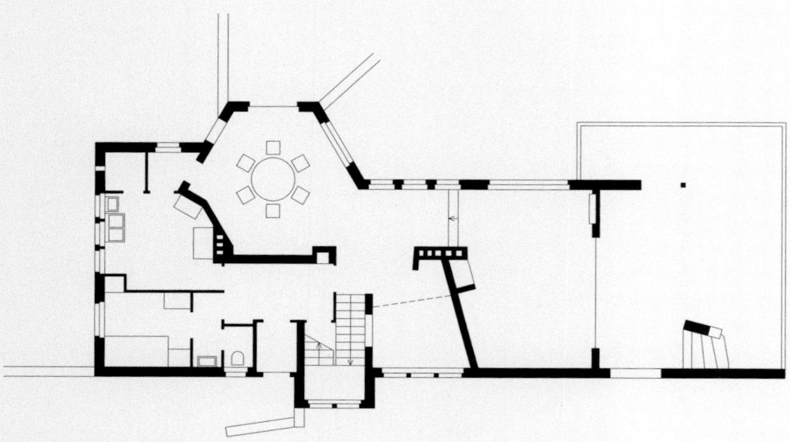

Grundriss Obergeschoss
Grundriss Erdgeschoss
Wintergarten

Gartenansicht
Garage mit Blick zur Terrasse
Runde Wandöffnung im Innenraum

ANKER-TEIGWARENFABRIK

Löbau, 1937–41, Umbau

Es handelt sich um den Umbau der Nudelfabrik von Fritz Schminke, für den Scharoun bereits eine Villa neben der Fabrik gebaut hatte. Zwar hatte Scharoun umfangreiche Erweiterungspläne für die Fabrik und auch für die Stadt erarbeitet, doch wurde 1939 zunächst nur ein Treppenhausanbau fertiggestellt. Dieser war notwendig, um das Gebäude in einem zweiten Bauabschnitt aufstocken zu können, doch aufgrund des Krieges wurden die Planungen gestoppt. In dem Anbau waren neben dem Treppenhaus – durch eine Glasbausteinwand von Norden belichtet – auch Sanitärräume und ein Lastenaufzug untergebracht. Scharoun hatte aber auch Umbauten innerhalb des Gebäudes realisiert, so eine Kantine im Untergeschoss, das Büro von Schminke und eine Gartenanlage für die Belegschaft.[1]

1 Vgl. Klaus Kürvers, *Entschlüsselung eines Bildes – Das Landhaus Schminke von Hans Scharoun*, Dissertation im Fachbereich Architektur an der Hochschule der Künste, Berlin, 1996, Kapitel 3.

Treppenhausanbau
Treppenhausdetail

HAUS MÖLLER

Zermützel, 1937–44

1 Hans Scharoun, Baubeschreibung, in: Akademie der Künste, Berlin, Hans-Scharoun-Archiv, Mappe WV 142.
2 Ebda.
3 Ebda.
4 Hans Scharoun am 22.06.1950 in einer Vorlesung an der TU Berlin, in: Peter Pfankuch (Hrsg.), *Hans Scharoun – Bauten, Entwürfe, Texte*, Berlin 1974, S. 119.

Das Sommerhaus für den Kunsthändler Ferdinand Möller liegt auf einem bewaldeten Hügel mit Ausblick über einen See. Scharoun wollte „die Verbindung zwischen Landschaft und Haus stärken und das Haus fest in die Landschaft einbinden“[1]. Er platzierte den Bau so, „dass er die natürliche Bewegung des Geländes ausnützt und ergänzt und die gegebene Blickrichtung für die Räume nützt“[2]. Er entwarf das Haus im Inneren so, dass die Blickbeziehungen zum See den Innenraum prägen. Dafür wurden zunächst auf der Baustelle die wichtigen Orte im Haus markiert und überprüft.[3] Scharoun erklärte: „Das Haus wurde sodann im Sinne Hugo Härings als ein Wohnleib, als ‚Hülle' für die Wohnvorgänge gebildet und so entstand die Gestalt – im Sinne des Organwerkes.“[4] Während die äußere traditionelle Form des Hauses Ergebnis eines Kompromisses mit der Bauaufsicht war, ist das Innere als ein organisch-fließendes Raumkontinuum organisiert. Der zeltartige Raumeindruck entstand durch die den Raum überspannende rau verputzte Decke sowie durch einen weiten Dachüberstand an der Seeseite.

Auf kleinstem Raum zeigt der Bau eine ständig andersartige Erscheinung. Wer das Haus durchschreitet, ist permanent überrascht, insbesondere wenn sich der zentrale Wohnraum unvermittelt nach oben hin öffnet. Aber der Raum erweitert sich auch nach unten hin, da ein angegliederter Essplatz in einer Mulde liegt, zu der ein paar Treppenstufen hinabführen. Aus dem ansonsten kubischen Volumen „klappen“ sich im Grundriss einzelne Räume und Raumabschnitte heraus, so dass sich der statische Charakter des Baukörpers in eine organisch-dynamische Struktur im Inneren verwandelt. Am Drehpunkt, an dem sich der vertiefte Essbereich aus dem Hauptvolumen herausklappt, findet sich eine kreisförmige Aussparung im Fußboden, die für Pflanzen vorgesehen war. Geprägt wird der Raum von einer gebogenen Wand, an die sich ein Sofa anschmiegt und hinter der eine Treppe nach oben führt.

Ein paar Jahre nach der Fertigstellung des Hauses 1939 ergänzte Scharoun einen flachen Anbau.

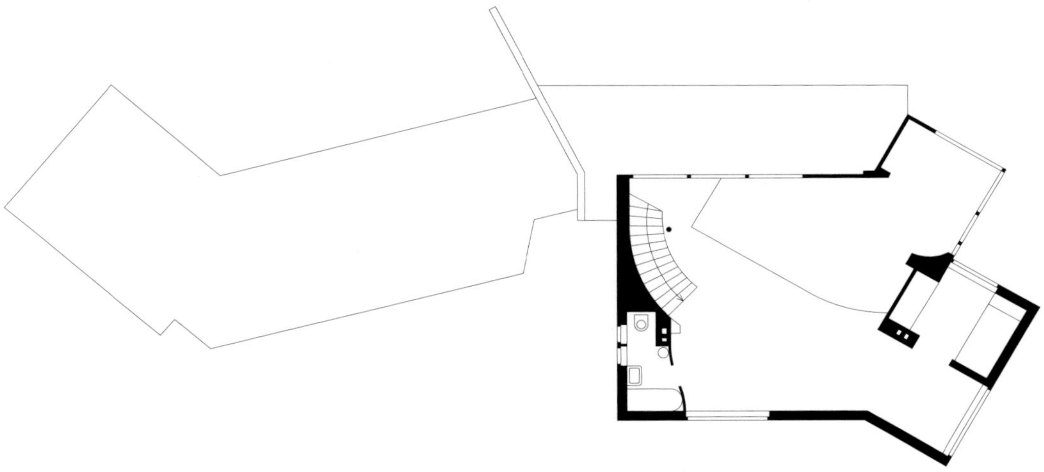

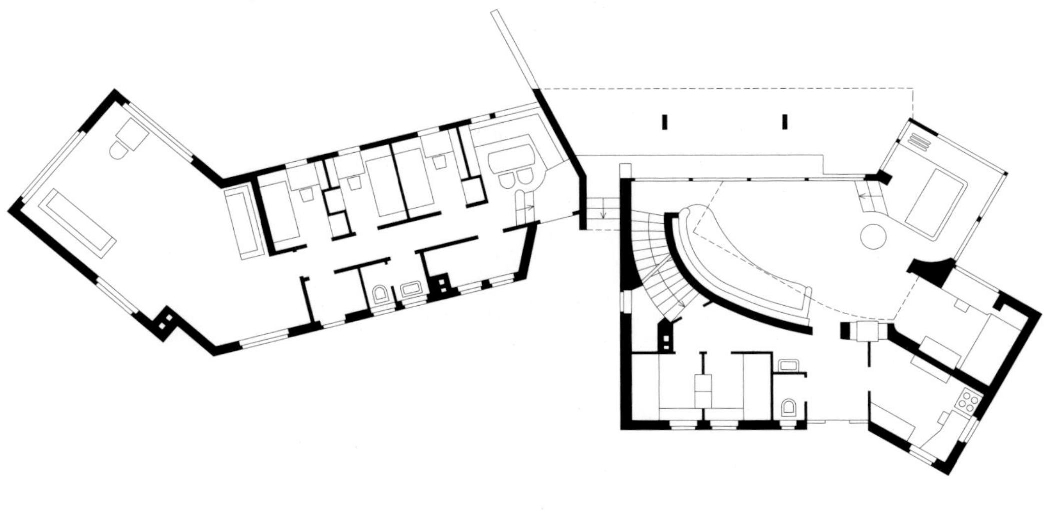

Grundriss Obergeschoss
Grundriss Erdgeschoss

Haus mit späterem Anbau
Terrasse mit Blick über den See
Verglaster Bereich mit Essplatz

Anbau
Innenraum Anbau

Obergeschoss
Terrasse

Treppe hinunter zum Wohnbereich
Wohnbereich

GARTENBADEHAUS SILBERMANN

Brandenburg, um 1938, zerstört

Der Hutfabrikant Silbermann ließ sich auf dem Grundstück der Fabrik und Villa ein privates Schwimmbad erbauen, nachdem es jüdischen Kindern in Deutschland verboten wurde, öffentliche Badeanstalten zu besuchen. Der beauftragte Landschaftsarchitekt Hermann Mattern zog Scharoun für den Entwurf des Bauwerks hinzu. Neben Umkleideräumen entstand auch eine überdachte Terrasse mit angegliedertem Gewächshaus. In die organisch geformte, weit auskragende Überdachung war eine elektrische Beleuchtung integriert. An diesem Bau zeigt sich, in welchem Maße Scharoun in der Zeit des Nationalsozialismus eine Architektur anstrebte, die auch im Außenbau eine beschwingte Leichtigkeit vermittelt. Heute sind nur noch Reste der Umfassungsmauer erhalten.[1]

1 Vgl. Christine Hoh-Slodczyk, Andreas Tönnesmann, Norbert Huse und Günther Kühne, *Hans Scharoun – Architekt in Deutschland 1893–1972*, München 1992, S. 70–71.

Badehaus im Garten der Fabrik

HAUS BONK

Potsdam, 1938–39

Scharoun entwarf das Haus für Emil Bonk, einen Mitarbeiter der berühmten Gärtnerei von Karl Foerster. Das Haus liegt im Potsdamer Stadtteil Bornim unmittelbar neben der Gärtnerei und ist noch heute von Grünanlagen umgeben. Die Dimensionen des Hauses sind bescheiden: Im Erdgeschoss befinden sich Wohn- und Esszimmer mit Küche und im Dachgeschoss zwei Schlafräume mit Bad. Geprägt wird der zentrale Raumeindruck durch eine leicht S-förmig geschwungene und verglaste Wand, die eine Erweiterung des Wohnraums zum Garten ermöglicht. Die S-Form der Wand schafft an einer Gebäudeecke auch eine überdachte Terrasse, die sich erweitert, indem das steile, von wuchtigen Pfeilern getragene Walmdach in den Garten verlängert wird. Scharoun gestaltete im Innenraum auch Beleuchtungskörper und Möbel, wie das asymmetrisch geformte Sofa neben dem Kamin. Teilweise gehen die Innenwände mit Rundungen in die ebenfalls rau verputzte Decke über und unterstreichen so den Charakter des „fließenden" Raums.

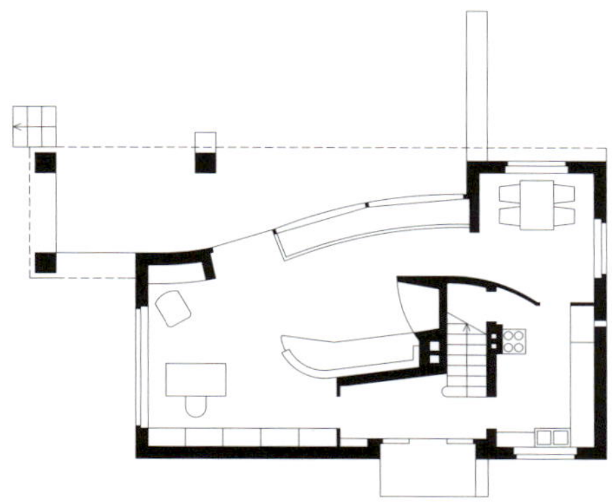

Grundriss
Ansicht von Südwest

HAUS MOHRMANN
Berlin-Lichtenrade, 1938–39

Von der Straßenseite ist das Bauwerk aufgrund seiner Form derart unscheinbar, dass nichts auf das komplexe Raumgefüge im Inneren schließen lässt, das zur Bewegung durch den Raum animiert. Der L-förmige Bau, den Scharoun für seinen Schwager, den Oberbaurat Kurt Mohrmann, und dessen Frau Käte entwarf, war so weit wie möglich an die nördliche Ecke des Grundstücks gerückt, dass er sich maximal zum Garten hin öffnet. Wer das Haus betritt, wird unmittelbar von einem Raumbereich in den nächsten geleitet. Beim Durchschreiten öffnen sich permanent neue räumliche Konstellationen, da für jede Beschäftigung ein spezifischer Raumabschnitt konzipiert war. Diese individuell entwickelten Raumabschnitte gruppieren sich auf unterschiedlichen Niveaus um den zentralen Wohnbereich herum, dem auf diese Weise eine klare Umgrenzung fehlt. Es ist Scharouns stete Absicht, das Zentrum offen zu halten. Der Wohnraum erweitert sich in unterschiedliche Richtungen, er wird mit den angegliederten Raumabschnitten in „Schichten" umlagert.

„Auf diese Abfolge von Schichten ist im wesentlichen der Eindruck der räumlichen Komplexität und Weite zurückzuführen", analysierte Eckehard Janofske. „Durch Bauteile wie dem Kaminblock, dem Flachbogen über dem Sofa, oder den Mauerpfeilern zwischen zwei Raumbereichen, die sich in das Blickfeld schieben, werden die Raumgrenzen nicht sofort erkennbar, wie es etwa bei einem Raum mit vier Wänden der Fall ist. Erst beim Durchschreiten des Raumes kann der Betrachter sich eine Vorstellung von ihm machen."[1]

Für jede Wohnsituation wurde auf kleinstem Raum eine spezifische Lösung entwickelt, wie dem Essbereich, der sich als kreisförmiger Erker um den runden Esstisch schmiegt, oder die „Nähecke", ein etwas erhöhter Sitzplatz am Blumenfenster, von dem der Kinderspielbereich zu überblicken war. Für das Klavier entwarf Scharoun einen lediglich 2,15 Meter hohen Raumabschnitt, der jedoch als ein erhöhtes Plateau ausgebildet war und auch tatsächlich als Bühne fungierte. Das Licht war in der erhöhten Zone diffus, da hier Milchglasscheiben verwendet wurden. Ein als Studio bezeichneter Arbeitsraum orientiert sich hingegen zum Garten und hatte ein seitliches Fenster, von dem die überdachte Terrasse beobachtet werden konnte. Im Westen des Hauses war eine zweigeschossige Einliegerwohnung integriert.

1 Eckehard Janofske, *Architektur-Räume – Idee und Gestalt bei Hans Scharoun*, Braunschweig, Wiesbaden 1984, S. 48.

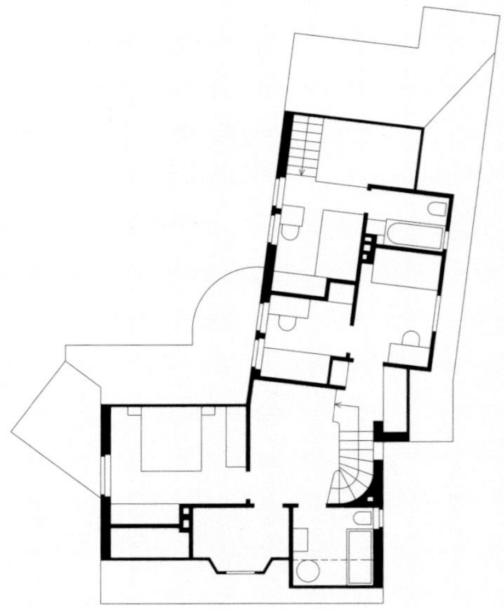

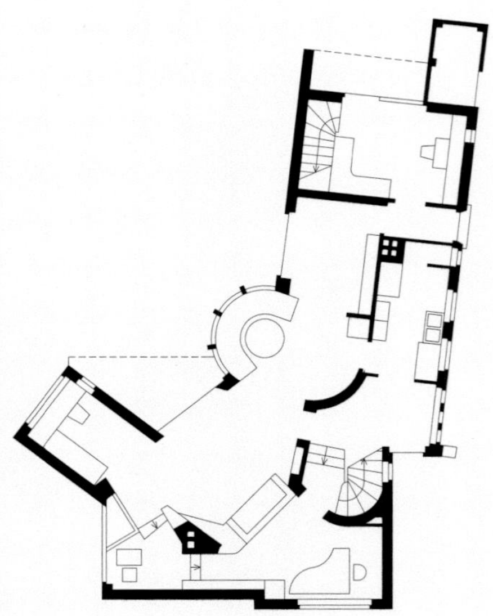

Wohnraum
Grundriss Obergeschoss
Grundriss Erdgeschoss

Gartenterrasse
Gartenansicht
Terrasse Anliegerwohnung

Wohnzimmer
Blumenfenster

HAUS ENDELL

Berlin-Wannsee, 1939–40

Während der Bau von außen traditionell erscheint, stellt der Innenraum ein komplexes Raumgefüge dar, bei dem unterschiedlich geformte Raumabschnitte auf unterschiedlichen Ebenen liegen und durch vielfältige Blickbeziehungen miteinander verbunden sind. Bereits beim Betreten der ausgreifenden Wohnlandschaft öffnen sich zahlreiche Blickachsen in verschiedene Richtungen bis in den Garten. Der zentrale Wohnraum, zu dem ein paar Treppenstufen hinabführen, ist sowohl mit dem Essplatz unter einem ovalen flachen Gewölbe als auch mit dem klassisch-rechtwinkligen Arbeitsraum verbunden.[1] Der Essbereich greift durch eine organisch geschwungene „Kanzel" in den tieferen Wohnbereich ein, während der Arbeits- und der Wohnbereich durch eine fensterartige Öffnung miteinander verbunden sind. Die Öffnung ist durch Klappläden verschließbar. Mechanisch bewegbar war auch die große Glasscheibe zwischen Wohnraum und Garten. Sie war wie bei Mies van der Rohes Haus Tugendhat komplett in das untere Geschoss versenkbar. Scharoun charakterisierte das Haus als eines, das „in seinen Kombinationsmöglichkeiten sehr wandelbar" ist.[2]

Er erklärte, er habe das Haus „für Herrn Professor Endell entworfen – als Haus, das seiner Tätigkeit auf dem Gebiete der zweckgebundenen Forschung angemessen, in gleicher Weise für die Zwecke der Arbeit, der Repräsentation und des Wohnens geeignet war. Entsprechend diesen Funktionen dienen die Räume des Obergeschosses vorwiegend dem Wohnen, die des Erdgeschosses der Arbeit, dem Wohnen und der Repräsentation und die ausgebauten Räume des Kellergeschosses der Arbeit. Die Erdgeschossräume zeichnen sich durch ihre Wandelbarkeit aus. Sie sind für Menschenkreise verschiedenen Ausmaßes und verschiedenartige Zwecke verwendbar und kombinierbar"[3].

1 Eine gleiche Struktur der Kombination von Wohn-, Arbeits- und Essbereich realisierte Scharoun beim Haus Tormann von 1965–66.
2 Hans Scharoun in einem Brief an Theo Effenberger vom 08.11.1951, Akademie der Künste, Berlin, Hans-Scharoun-Archiv, Mappe WV 156.
3 Hans Scharoun in einem Erläuterungstext vom 06.11.1951, Akademie der Künste, Berlin, Hans-Scharoun-Archiv, Mappe WV 156. Professor Kurt Endell war der Sohn des bekannten Architekten August Endell.

Blick vom Arbeitszimmer in den Wohnraum

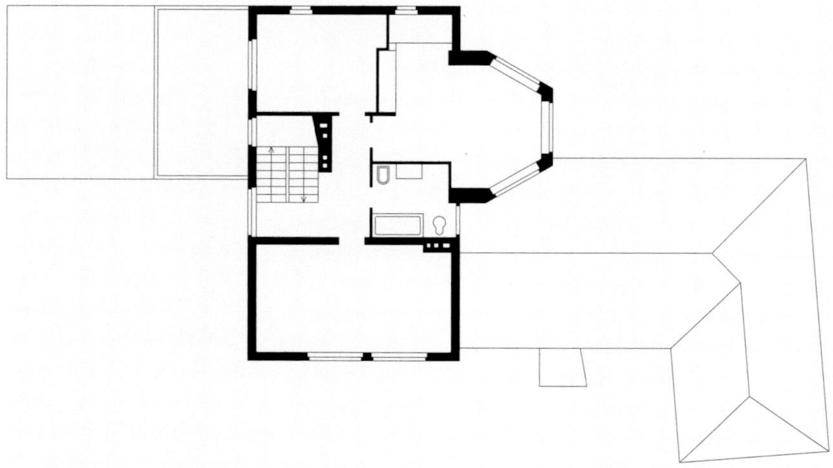

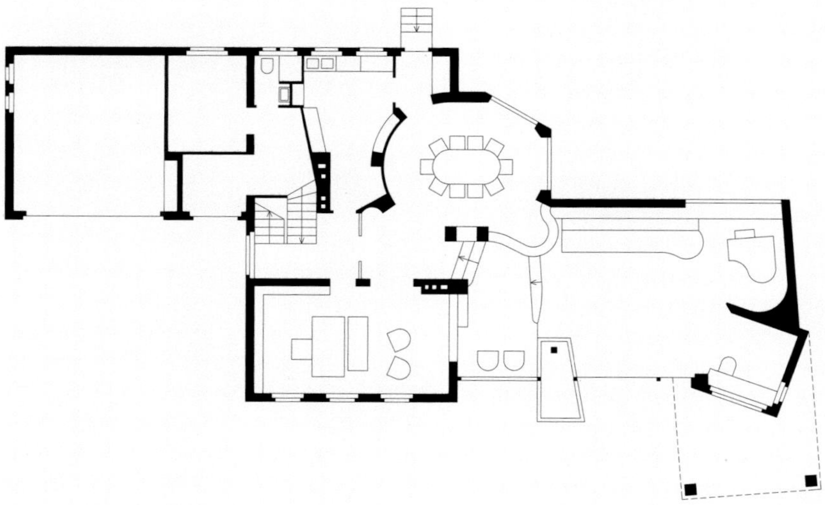

Grundriss Obergeschoss
Grundriss Erdgeschoss
Blick vom Essplatz zum Wohnbereich

Straßenansicht mit Garten
Wohnraum mit versenkbarer Glasscheibe

INSTITUT FÜR BAUWESEN

Berlin-Mitte, 1949, Dachausbau

Als Leiter des Instituts für Bauwesen der Deutschen Akademie der Wissenschaften zu Berlin plante Scharoun den Umbau eines ausgebrannten Kasernengebäudes von 1913 in der Hannoverschen Straße 30 im Ostteil der Stadt. Den Entwurf bearbeitete er zusammen mit Sergius Ruegenberg am Institut, und die Räume waren ebenfalls für das Institut bestimmt. In dem zum Ateliergeschoss ausgebauten Dach wurde die Abteilung Gestaltung untergebracht, die den Wiederaufbau der zerstörten Stadt plante. Die nach Norden ausgerichteten Fensterbänder waren leicht geneigt, so dass ein maximaler Lichteinfall ermöglicht war. Die Architektur des holzverkleideten, aufgekofferten Dachgeschosses wurde allerdings später verändert, während der Bau als Ständige Vertretung der Bundesrepublik in der DDR diente. Die Fensteröffnungen wurden geschlossen, doch mittlerweile ist die ursprüngliche Architektur wieder rekonstruiert.[1]

1 Die Rekonstruktion erfolgte, während der Bau durch die Frankfurter Architekten Jourdan & Müller 1998–2000 zum Bundesministerium für Bildung und Forschung abermals umgebaut wurde. Details wie die Brüstung der Galerie sind heute nach den aktuellen Bauvorschriften gestaltet.

Dachausbau
Innenraum

WOHNHOCHHÄUSER „ROMEO UND JULIA"

Stuttgart, 1954–59 (mit Wilhelm Frank)

1 Willi Oppenländer, *Hans Scharoun – Mittelpunkt sei der Mensch*, Stuttgart 1968, S. 15. Bauherr war die Universum Treubau Wohnungs-GmbH.

2 Hier traf sich Scharoun u. a. 1958 mit dem Philosophen Martin Heidegger. Vgl. Gerd de Bruyn, *Fisch und Frosch oder die Selbstkritik der Moderne: Ein architekturtheoretischer Essay*, Basel, Boston, Berlin 2001, S. 88.

Die beiden Hochhäuser sind nach unterschiedlichen Prinzipien organisiert: Während sich die Wohneinheiten im Turm um einen internen Erschließungsflur gruppieren, werden die Wohnungen im hufeisenförmigen Bau über Laubengänge erschlossen. Aufgrund der in beiden Bauten ringförmigen Anordnung der Wohnungen ergeben sich stumpfe Winkel in den Grundrissen. Da zudem die Außenhaut die Bauwerke zackenförmig umschließt, entstehen unregelmäßige fünf- und sechseckige Wohn- und Schlafräume. Die dienenden Räume wie Bäder und Küchen liegen innen und die Wohnbereiche außen. Das abgetreppte Gebäude mit dem U-förmigen Grundriss, „Julia", wird mittig erschlossen und ist in jedem Geschoss mit einer großen Lobby versehen, von der die Laubengänge abgehen. Diese übereinandergestapelten verglasten Hallen verleihen dem Bau Transparenz. Die Farbgestaltung erfolgte in Zusammenarbeit mit dem Künstler Manfred Pahl.

Auch wenn es sich hier um Eigentumswohnungen handelt, wurde in einer Broschüre des Bauherrn hervorgehoben, „dass ‚Romeo' und ‚Julia' im sozialen Wohnungsbau verwirklicht werden konnten und mit ihren Herstellungskosten und ihrer Wirtschaftlichkeit diesen Forderungen entsprachen"[1]. An die Bauten schließen sich niedrige Nebengebäude mit Garagen, Geschäften und einem Restaurant an. Später entstand in der Nähe ein von Scharoun geplantes Parkhaus (siehe S. 164). Er selbst bezog eine Zweitwohnung im Penthouse von „Romeo".[2]

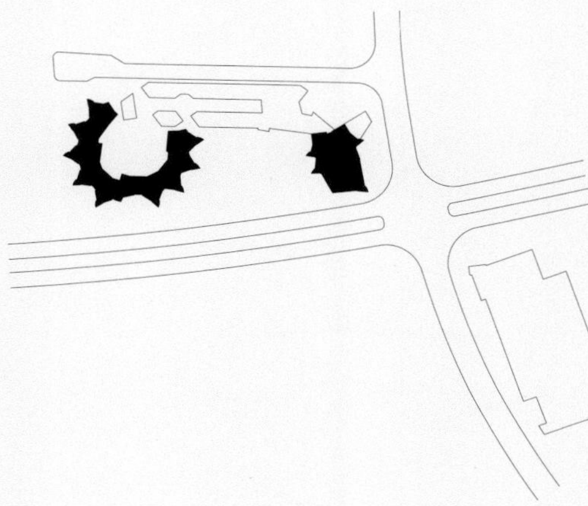

Lageplan

Luftbild „Romeo und Julia"

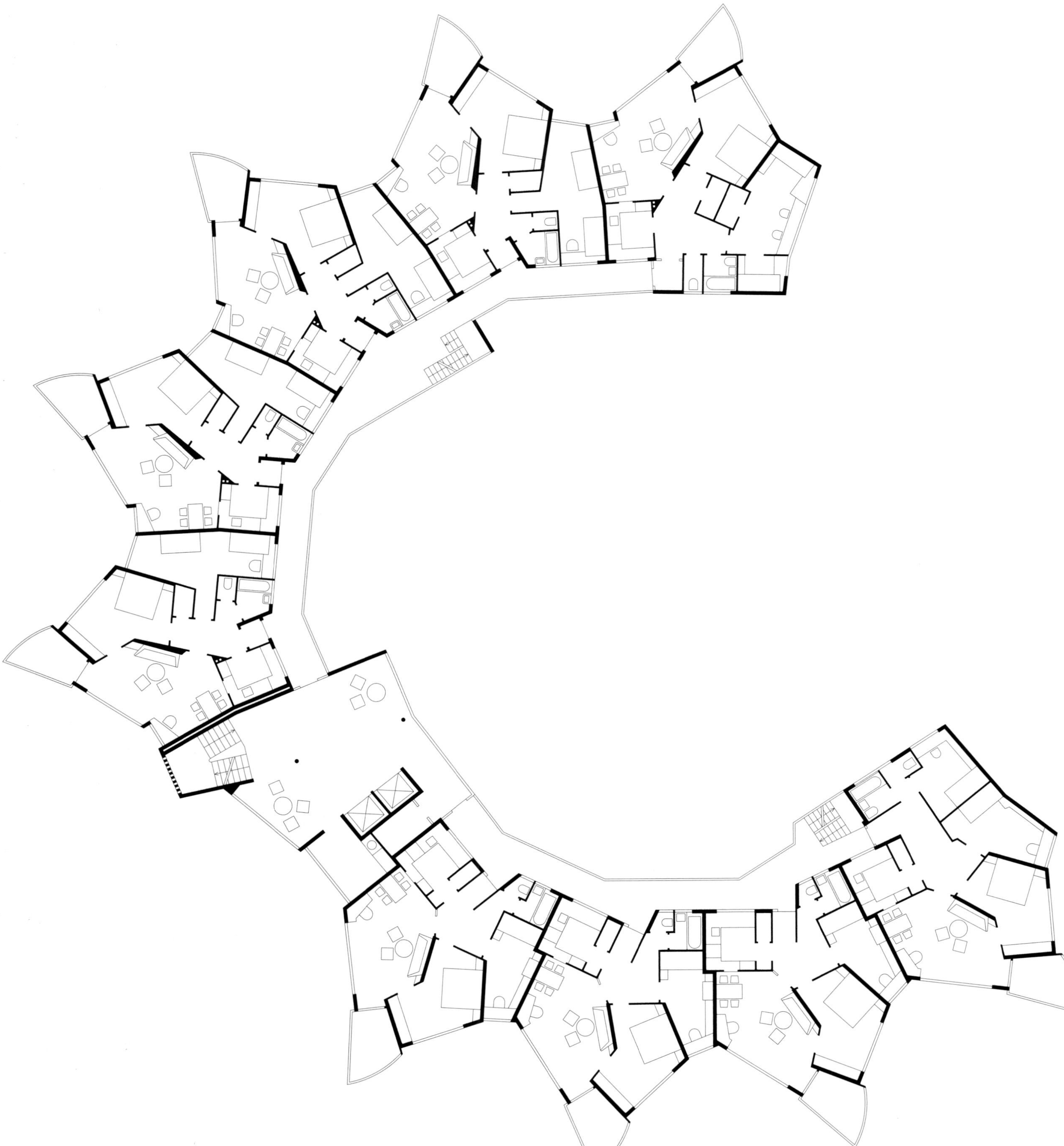

Grundriss Gebäude „Julia“

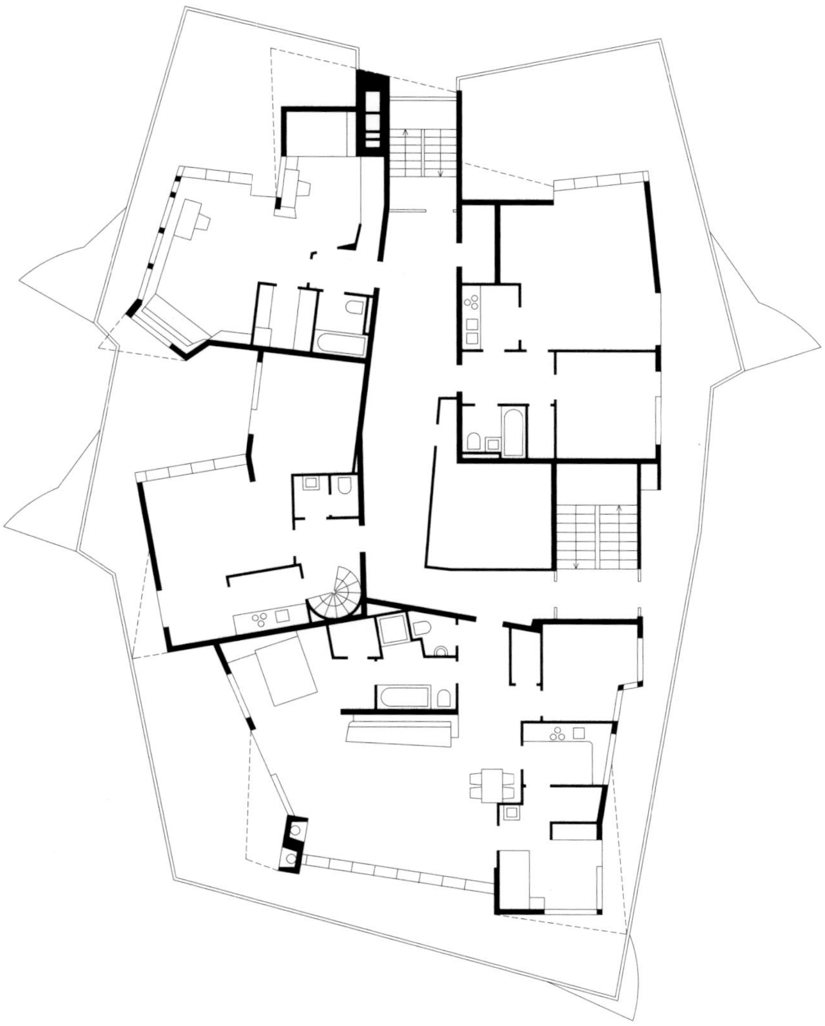

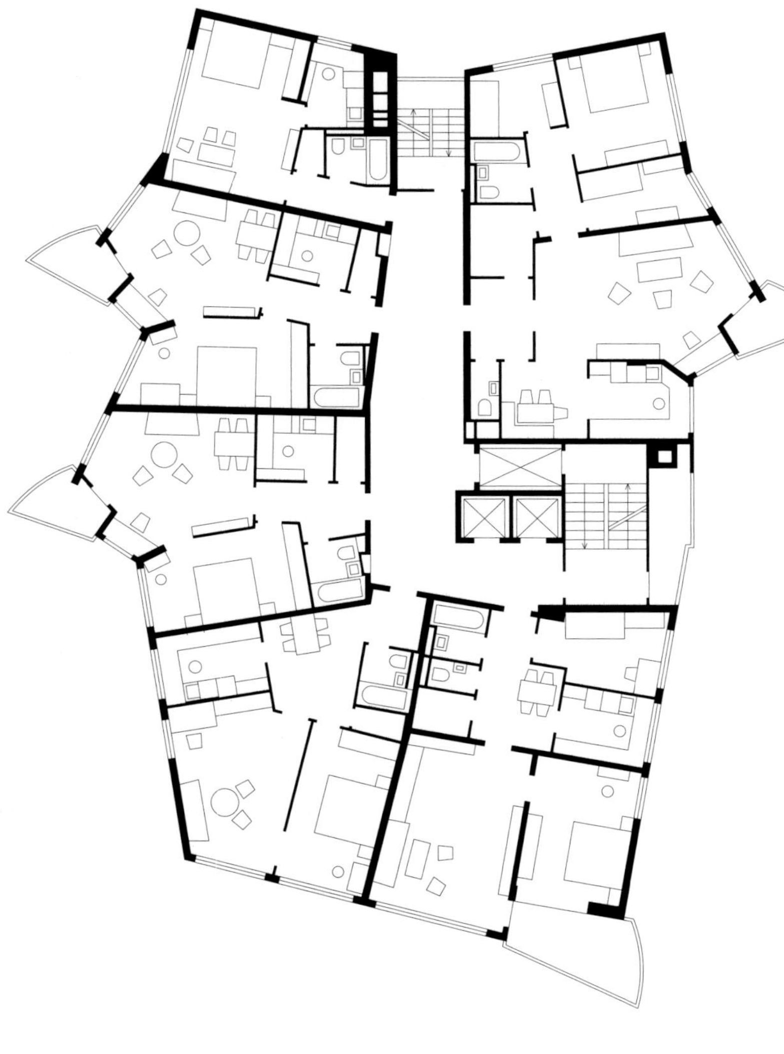

Grundriss Gebäude „Romeo",
Ateliergeschoss und Regelgeschoss

Südansicht Gebäude „Julia"
Gebäude „Romeo" links und „Julia" rechts

Erschließungsturm Gebäude „Julia"

Gebäude „Romeo“

SIEDLUNG CHARLOTTENBURG-NORD

Berlin-Charlottenburg, 1954–61

Scharoun plante nicht nur diese Großsiedlung, sondern bezog auch selbst eine Wohnung dort.[1] Die Siedlung schließt sich an die 30 Jahre zuvor gebaute Siedlung Siemensstadt an, deren Grundkonzept er ebenfalls erarbeitet hatte. Während die frühere Siedlung mehrere Architekten als Urheber hatte, arbeitete Scharoun in Charlottenburg-Nord mit der Planungsabteilung der Wohnungsbaugesellschaft GSW zusammen. Umgesetzt wurde allerdings nur ein Teil eines umfangreicheren städtebaulichen Gesamtplans. Neben den Wohnbauten entwarf Scharoun auch eine Einkaufspassage.[2]

Scharoun nannte die Gruppierungen der Gebäude, die sich aus abwechselnd konkav und konvex verlaufenden Gebäudezeilen ergaben, „Wohngehöfte",[3] die als zellenartige Einheiten im Stadtgefüge etwa 300 Wohnungen umfassen. Im Gegensatz zu parallelen Zeilen sind die Räume zwischen den Bauten hier nicht gleichförmig, sondern es entsteht ein städtebaulicher Rhythmus. Im Wechsel ist immer jeweils ein Freiraum stark begrünt und der nächste mit Garagen für die Erschließung ausgebildet. Die Räume haben einen abwechselnd öffentlichen und privaten Charakter. Die Wohnungstypen sollten die gleiche Vielschichtigkeit aufweisen wie die heterogene Bewohnerstruktur der Großstadt, so dass der soziale Wohnungsbau eine Lebensqualität und Vielfalt zum Ausdruck bringt. Auch für Alleinstehende und kinderlose Paare wurde ein eigener Gebäudetyp entwickelt, eine Hochhausscheibe mit Laubengängen und einer wabenartigen Fassade.

1 Zusammen mit seiner Frau Margit von Plato bezog Hans Scharoun 1960 die Atelierwohnung am Heilmannring 66a und wohnte dort bis zu seinem Lebensende. Sein Architekturbüro befand sich eine Etage tiefer.
2 Das Einkaufzentrum am Goebelplatz (Werkverzeichnisnummer 207) wurde 1957 gebaut.
3 Vgl. Margit Staber, „Hans Scharoun – Ein Beitrag zum Organischen Bauen", in: *Zodiac*, Heft 10, 1962, S. 67.

Ansicht der Siedlung von Süden

Lageplan
Grundriss Kopfbau

Ostansicht
Westansicht
Laubenganghaus

Apartmenthochhaus, Südwestansicht

Apartmenthochhaus, Westansicht
Apartmenthochhaus, Nordseite mit Laubengängen
Scharouns eigene Wohnung

LAUBENGANGHAUS GOEBELSTRASSE

Berlin-Charlottenburg, 1955–56 (mit Otto Bartning und Gerd G. Biermann)

Das Gebäude bildet den Übergang von der Siedlung Siemensstadt, für die Scharoun den Gesamtplan entwarf, zu der von ihm gebauten Siedlung Charlottenburg-Nord. Das Laubenganghaus ist ein Anbau an eine Gebäudezeile des Architekten Otto Bartning von 1930. Auch wenn das Gebäude in einer Planungsgemeinschaft mit dem Bauherrn, der Gemeinnützigen Siedlungs- und Wohnungsbaugesellschaft GSW, sowie mit Gerd G. Biermann und Otto Bartning entstand, war Scharoun „federführend".[1] Der Entwurf basiert auf Scharouns Studie „Wohnzelle Friedrichshain" von 1949, für die er einen diagonal gestaffelten Laubenganghaustyp entwickelt hatte, bei dem sich Kleinwohnungen so aneinanderreihen, dass Küchen und Sanitärräume zum Laubengang nach Norden ausgerichtet sind und die Wohn- und Schlafräume nach Südwesten und Südosten. Wenngleich sich hier äußerst ökonomisch organisierte Wohnungen von etwa 45 Quadratmetern einheitlich aneinanderreihen, so ist die Zeile mit einem asymmetrischen Kopfbau versehen, der etwas größere Wohnungen mit Balkonen umfasst.

1 Peter Pfankuch (Hrsg.), *Hans Scharoun – Bauten, Entwürfe, Texte*, Berlin 1993, S. 398.

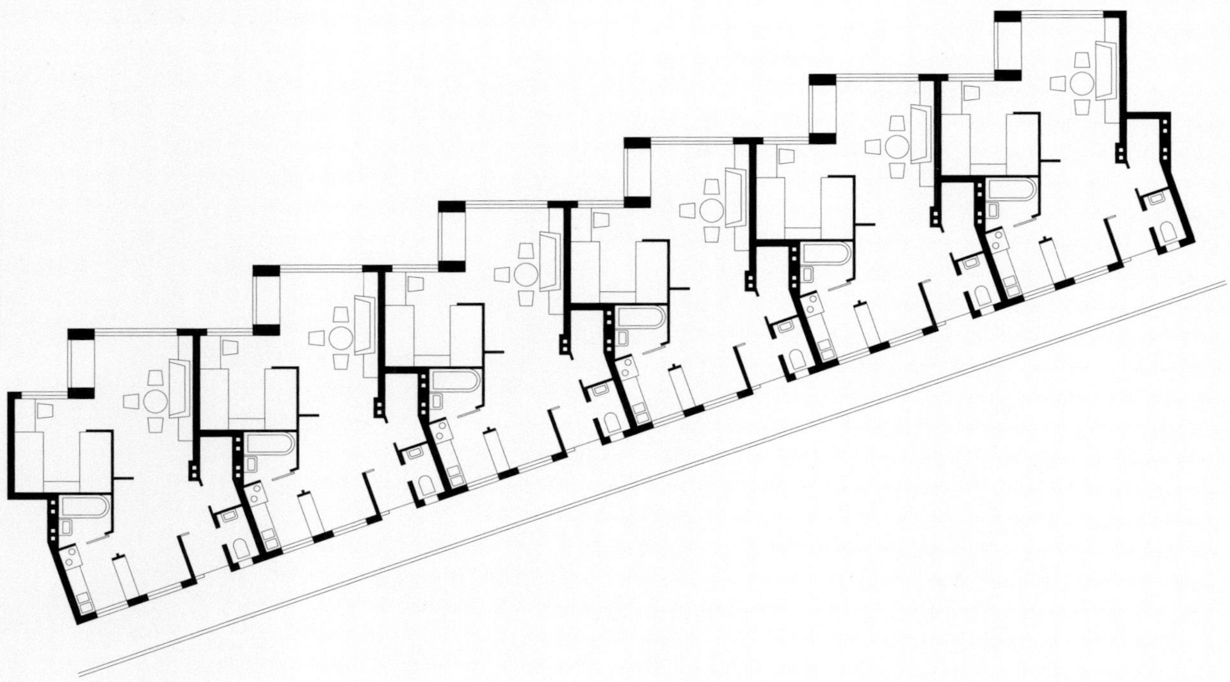

Grundriss
Laubenganghaus mit Gebäude von Otto Bartning rechts

Ostseite
Erschließungsturm zu den Laubengängen
Nordseite mit Laubengängen

GESCHWISTER-SCHOLL-GYMNASIUM

Lünen, 1955–62

Anlässlich der Darmstädter Gespräche „Mensch und Raum" 1951 entwickelte Scharoun einen Schultyp, auf dem diese Mädchenschule basiert. Er konzipierte drei unterschiedliche Typen von Klassenräumen, die jeweils mit Garderobe, angegliederter Nische als Gemeinschaftsraum und eigenem Außenraum von ihm als Wohnung bezeichnet wurden. Die Architektur sollte bei den Jüngsten das Spielerische und später das Geistige fördern. „Die Wohnungen der unteren Gruppen sind nach Südwest oder Südost ausgerichtet und stehen in freier Verbindung zum Außenraum. Die kleinen Bewohnerinnen dieser Schulwohnungen sind naiven Gemütes und allem Leben gegenüber gleich aufgeschlossen. Anders die Bewohnerinnen der Wohnungen der mittleren Gruppe. Sie haben es noch schwer mit sich – sie bedürfen der Abschirmung. Was lag da näher, als ein wenig die Form des Klosters dem Schulgehäuse einzuverleiben, in Form von Atrium-Wohnungen."[1] Die Räume für die Ältesten sind nochmals anders gestaltet und liegen im Obergeschoss in der Nähe der naturwissenschaftlichen Räume, die den Charakter von Hörsälen einer Hochschule haben. So wurde jeder Raumtyp konsequent von innen nach außen entwickelt, während sich die zellenartige Struktur der Gesamtform aus dem rhythmischen Aneinanderfügen der Elemente ergibt.

Die Gestaltung der Räume sollte auch eine gesellschaftliche Funktion widerspiegeln. Scharoun sagte: „Die Grundlage dieser Schule ist die ‚Schul-Wohnung', in der die Klasse gewissermaßen die zweite Familie bildet, um so das Wesen der ‚sozialen' Familie, neben der biologischen Familie des Elternhauses, zu erfahren."[2] Die Architektur war konzipiert, um ein Bewusstsein für die Gemeinschaft zu schaffen und dabei die Entwicklung der Persönlichkeit maximal zu fördern. So haben die Räume einen graduell unterschiedlichen öffentlichen bzw. privaten Charakter. Die öffentlichste Zone ist eine als Weg angelegte multifunktionale Halle, die mit der im zweiten Bauabschnitt fertiggestellten zeltartigen Aula verbunden ist.

Die starke Farbigkeit wie die teilweise willkürlich wirkenden konstruktiven Details tragen dazu bei, dass die Architektur beim Durchschreiten weder streng noch systematisch erscheint. Lamellen an der Decke sind an ihren Seiten jeweils unterschiedlich farbig, so dass sich der Raum insgesamt je nach Richtung der Bewegung farblich stark verändert. Die Farbigkeit unterstützt zudem nicht den zugrunde liegenden Strukturalismus des Aneinanderfügens der Zellen, sondern wirkt diesem bewusst entgegen.

1 Hans Scharoun am 14.10.1960 in einem Vortrag auf der Triennale in Mailand, in: Peter Pfankuch (Hrsg.), *Hans Scharoun – Bauten, Entwürfe, Texte*, Berlin 1974, S. 252, 254.
2 Ebda., S. 252.

Vogelschau erster Bauabschnitt

Nordseite zur Straße
Südseite zum Schulhof

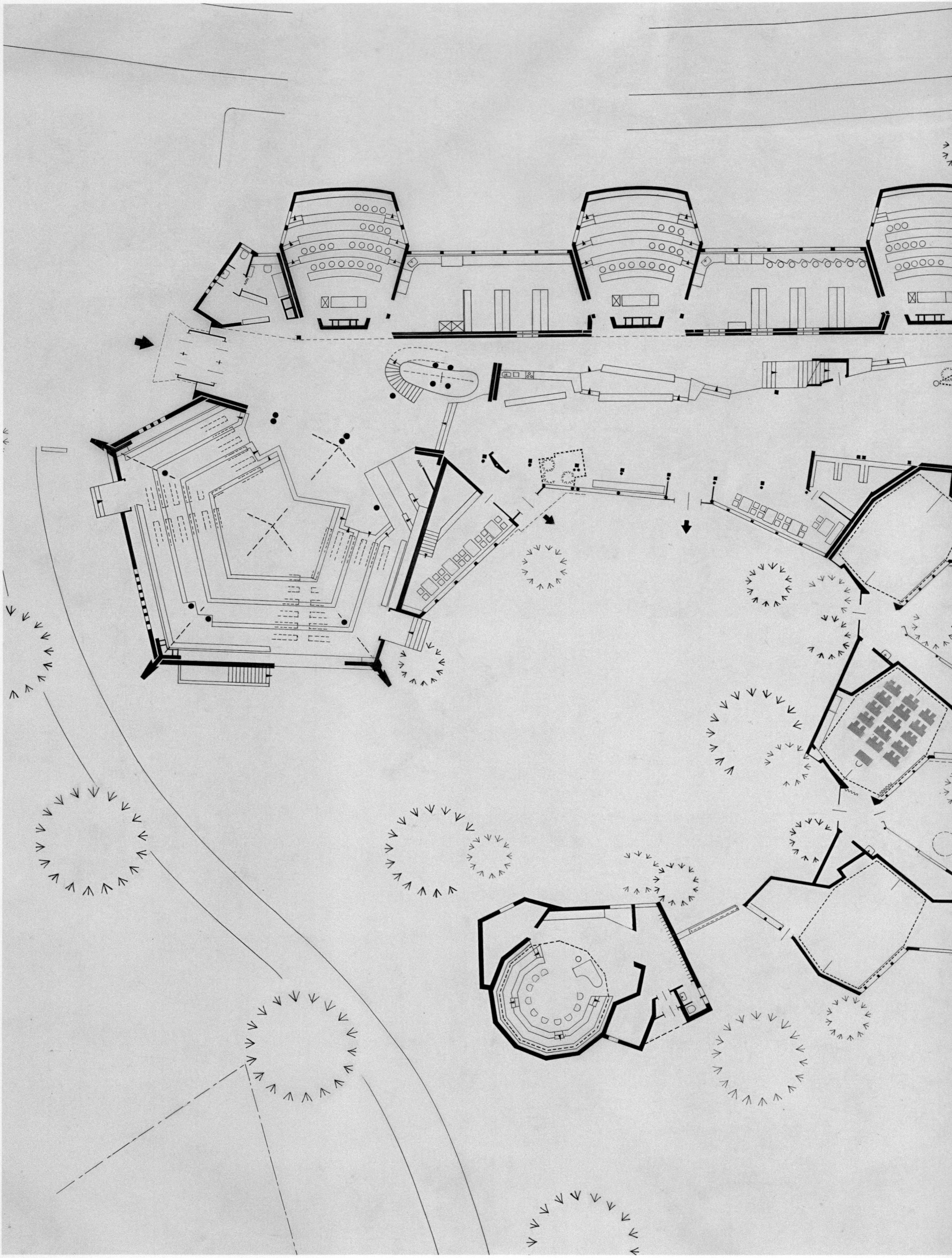

Aula
Multifunktionale Halle

Gänge zu den Klassenräumen

PHILHARMONIE

Berlin-Tiergarten, 1956–63 (mit Werner Weber)

Im Gegensatz zum traditionellen Bühnenraum, in dem sich Akteure und Publikum frontal gegenüberstehen, liegt das Podium für das Orchester hier im Mittelpunkt. Analog der Ausbreitung von Schall verteilen sich die Zuhörer um das Orchester herum. „Ist es ein Zufall", fragte Scharoun, „daß überall, wo improvisiert Musik erklingt, sich Menschen sofort zu einem Kreis zusammenschließen? Diesen ganz natürlichen Vorgang, der von der psychologischen Seite her jedem verständlich ist, müsste man in einen Konzertsaal übertragen."[1] Die Zuschauerränge gestaltete Scharoun nach dem Prinzip von „Weinbergen"[2]. Die Sitzgruppen sind zu Terrassen zusammengefasst und bleiben dennoch miteinander verbunden, so dass von jedem Platz die Musik gleichermaßen zu hören ist und auch von jeder Position im Saal jeder Platz erreichbar ist. Dieses unhierarchische System kann als ein gebautes Gesellschaftsmodell begriffen werden.

Der Bau wurde konsequent von innen nach außen entwickelt. Trotz des Freiraums um den Bau herum ist er sehr kompakt organisiert, denn er wurde ursprünglich für einen anderen Ort entworfen. So sind Foyer und Konzertsaal übereinandergestapelt und über kaskadenartige Treppen miteinander verbunden. Die Saaldecke ist zeltartig geformt, damit die konvexen Flächen den Schall möglichst diffus in den Raum reflektieren. Auch wenn es sich hier um eine abgehängte Decke handelt, prägt die Zeltform ebenso den Außenbau. Die am Modell entwickelten komplexen Formen erzielten eine Akustik, die noch heute zu den weltweit besten zählt. Auch wenn das Podium nicht im mathematischen Zentrum liegt, ist das Konzept „Musik im Mittelpunkt" kollektiv klar erfahrbar. Der Saal ist zwar annähernd symmetrisch aufgebaut, wird aber von den meisten Plätzen als ein asymmetrisches Gebilde erlebt.

Trotz der monumentalen Dimensionen konnte Scharoun eine intime Atmosphäre erzielen. Die Architektur steigert das Musikerlebnis, sie ist feierlich und bescheiden zugleich. Scharoun hat einen neuen Raumtypus entwickelt, der heute für Konzertsäle Standard ist. Mit diesem öffentlichen Bau par excellence hat er eine große Synthese seines bisherigen Werks realisiert.

1 Hans Scharoun, „Musik im Mittelpunkt – Bemerkungen zum Neubau", in: Peter Pfankuch (Hrsg.), *Hans Scharoun – Bauten, Entwürfe, Texte*, Berlin 1974, S. 279.

2 Die Formulierung stammt von Scharoun. Vgl. Wilfried Wang und Daniel E. Sylvester (Hrsg.), *Philharmonie Berlin 1956–1963, Hans Scharoun*, Tübingen 2013, S. 7.

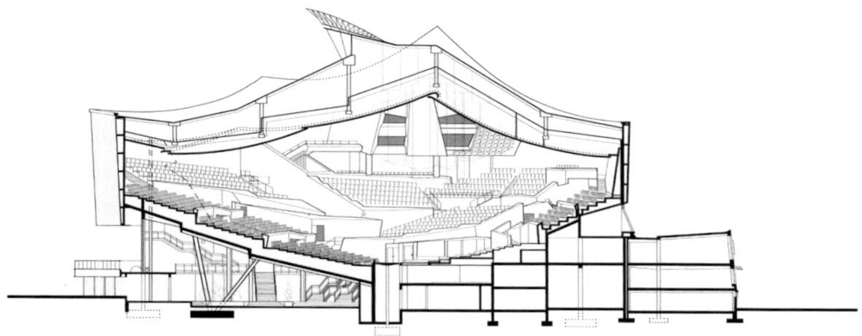

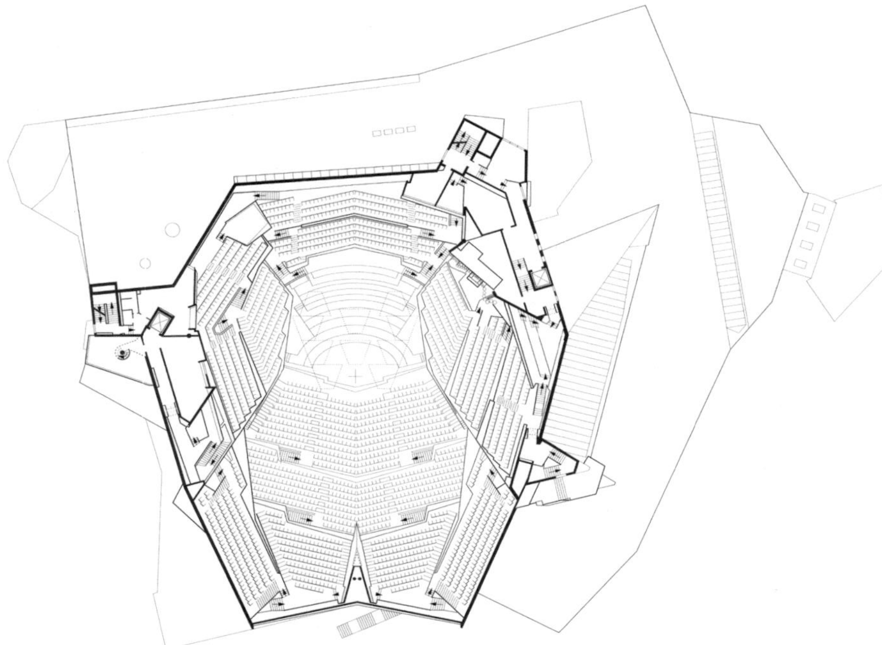

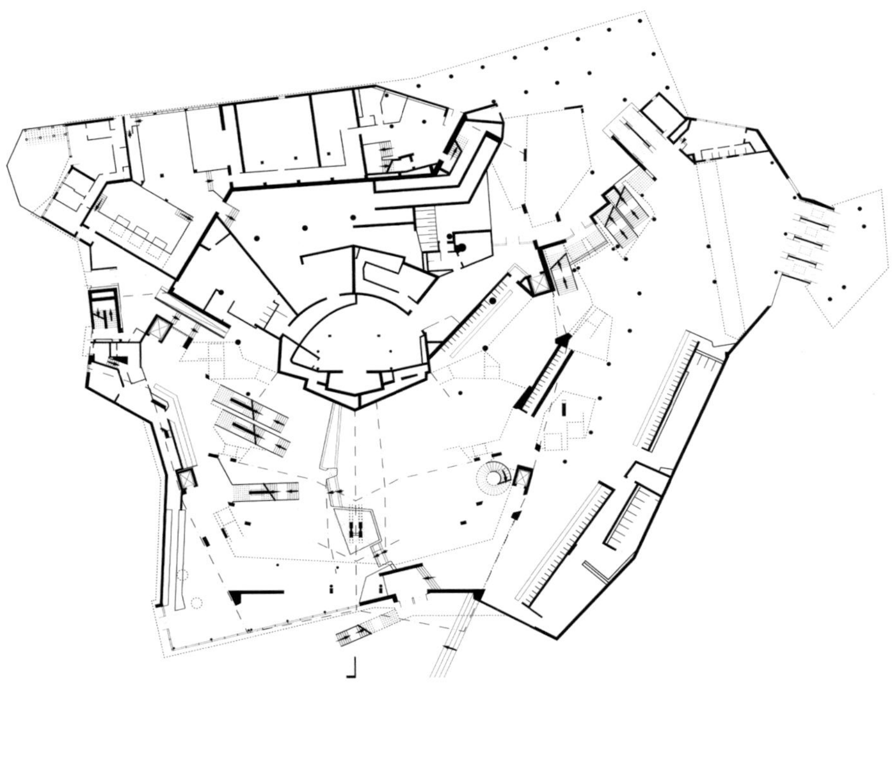

Schnitt
Grundriss Konzertsaal
Grundriss Erdgeschoss

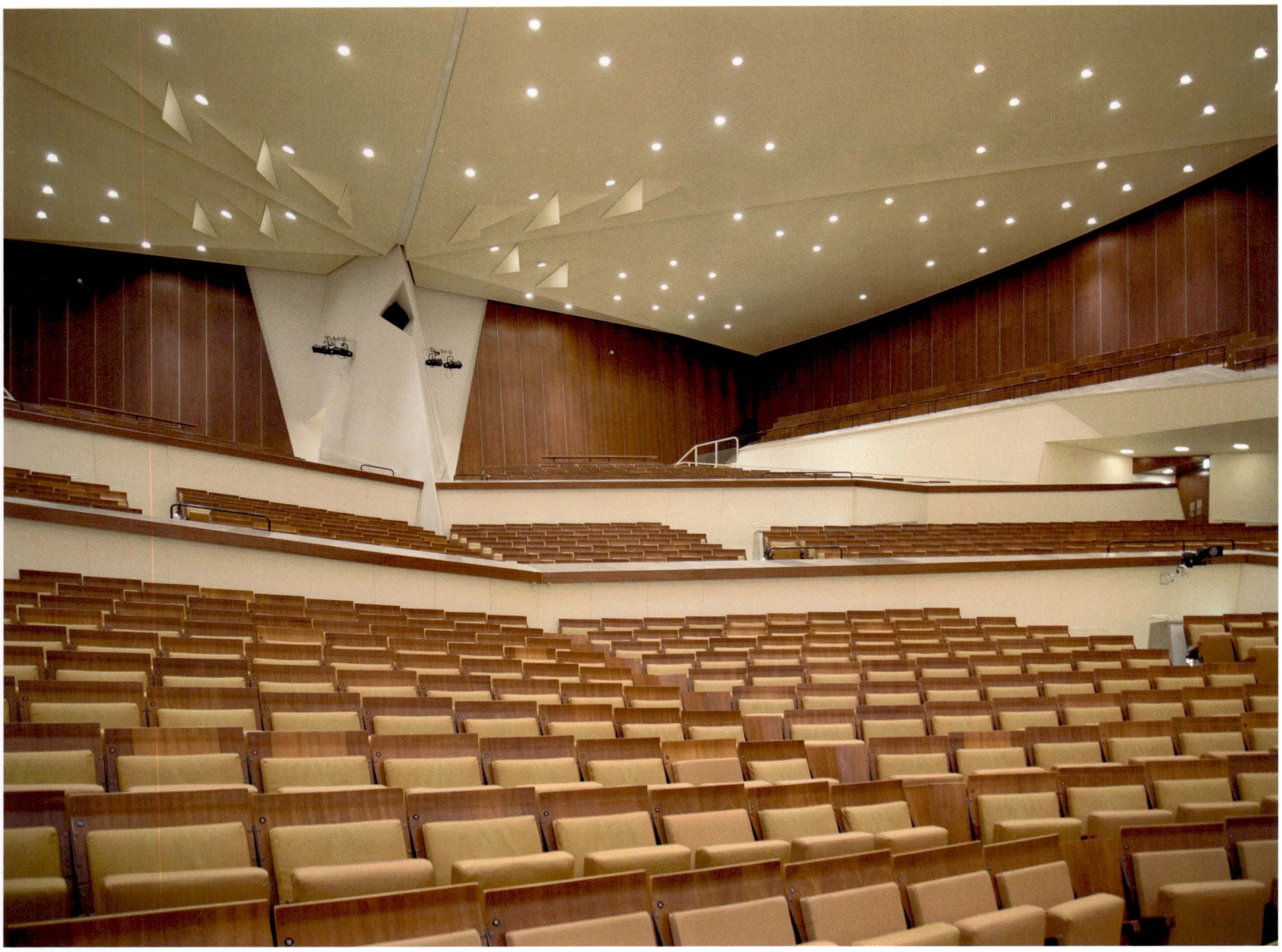

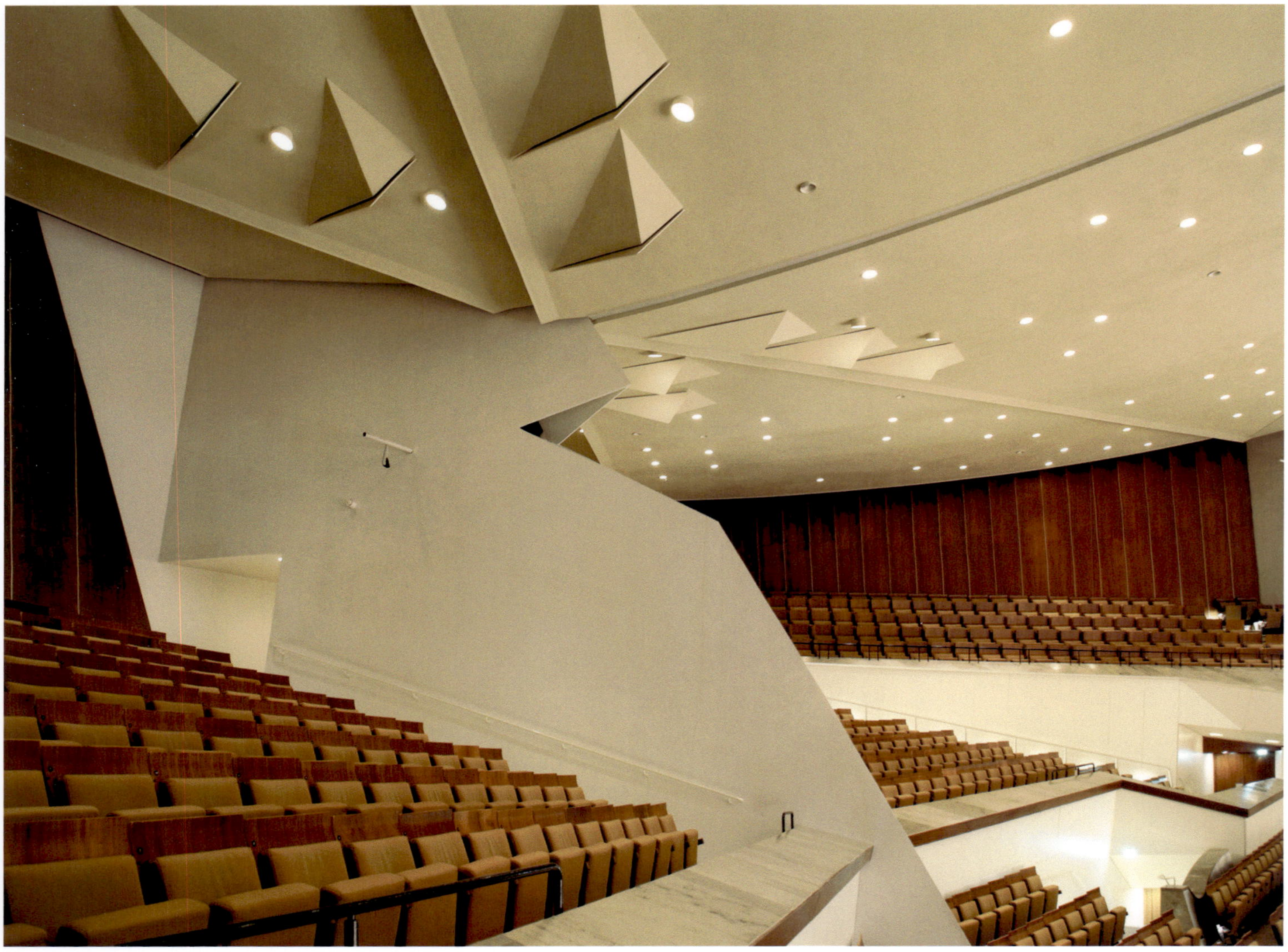

Südansicht
Ostansicht

Westansicht mit Haupteingang
Nordansicht

WOHNHOCHHAUS „SALUTE“

Stuttgart, 1959–63 (mit Wilhelm Frank)

Das damals höchste Wohnhochhaus Deutschlands war kein komprimierter kubischer Turm, sondern eine ausgreifende Struktur auf einem H-förmigen Grundriss, bei dem sich zwei unterschiedliche Flügel asymmetrisch vom zentralen Erschließungskern abspreizen. Die jeweils acht unterschiedlich ausgebildeten Eigentumswohnungen pro Etage werden über offene Laubengänge erschlossen. Die Wohnungen sind im Grundriss wie bei Alvar Aaltos Wohnhochhäusern fächerartig aneinandergestaffelt und weisen in Richtung Süden, während große Terrassen weiter nach Süden auskragen.

Es existieren 15 Wohnungstypen in unterschiedlichen Größen, teilweise auch doppelgeschossig, sowie Atelierwohnungen auf dem Dach. Die Flexibilität des Entwurfs sollte, wie Scharoun anlässlich der Einweihung erklärte, „Raum lassen für Improvisation. Deshalb die Differenziertheit der Wohnungen.“[1] Scharoun betonte den partizipatorischen Ansatz seiner Konzeption: „Zu dieser Vielfalt der Wohnungen tritt das Bemühen, mittels der Konstruktion des Hauses, eine möglichst weitgehende Freizügigkeit bei der Ausgestaltung jeder einzelnen Wohnung zu gewährleisten. Auch dies möge der Entfaltung eines neuen Wohnbewusstseins dienen, indem das Mit-Tun jedes Eigentümers angefordert wird.“[2]

1 Hans Scharoun, Vortrag anlässlich der Einweihung am 11.11.1963 in Stuttgart, in: Peter Pfankuch (Hrsg.), *Hans Scharoun – Bauten, Entwürfe, Texte*, Berlin 1974, S. 270.
2 Ebda., S. 270–271.

Grundriss Dachgeschoss
Grundriss Regelgeschoss

Südansicht

Balkone Richtung Süden
Erschließungsturm mit Laubengängen
Treppenhaus

Nordansicht

HAUS KÖPKE

Berlin-Dahlem, 1959–68

Das Haus wurde in zwei Bauabschnitten realisiert. Der damals in Hamburg ansässige Obstgroßhändler Hans Köpke wollte zunächst nur einen Teil als Berliner Wohnmöglichkeit für sich nutzen. Daher wurde ab 1964 zunächst nur der östliche Teil des Hauses mit separatem Eingang gebaut. Der Gesamtentwurf erfuhr im Laufe von fast zehn Jahren eine Vielzahl von Modifikationen.[1]

Das Haus öffnet sich nach Süden zum Garten. Sowohl im zentralen Wohnraum als auch im angegliederten Essbereich ermöglichen verglaste Schiebewände eine Kontinuität von Innen- und Außenraum. Diese Kontinuität wird durch eine Bepflanzung im Innenraum noch weiter betont, und eine Fortsetzung finden die Räume in dem von Hermann Mattern gestalteten Garten, der sich in der Topografie an die unterschiedlichen Geschossebenen des Hauses anpasst. Im Inneren gehen alle zentralen Räume ineinander über, so dass eine Wohnlandschaft entsteht, die sich über zwei verschiedene Niveaus erstreckt. Die unterschiedlichen Funktionsbereiche sind in separate Flügel gegliedert, die in die Landschaft ausgreifen und um den Kamin im Zentrum des Hauses zu rotieren scheinen. Das Konzept der Wohnlandschaft wurde so konsequent umgesetzt, dass sich kaum parallele Wände finden, und dennoch erscheint der Bau von der Straße als ein kompaktes Volumen. Der Weg zum Hauseingang führt zunächst in einen überdachten Bereich mit einem Wandmosaik, und beim Eintritt erscheint das Haus größer, als es von außen den Anschein hatte, denn es öffnen sich lange Blickachsen ins Gebäudeinnere und im Anschluss in den Garten. In einem oberen Zwischengeschoss befindet sich der Bereich der Hausangestellten, während sich die Kinderzimmer – ein weiteres halbes Geschoss höher – mit einer großen überdachten Terrasse nach Süden zum Garten orientieren.

1 Informationen von Elke Bahrs-Discher, die als Mitarbeiterin von Scharoun für dieses Projekt verantwortlich war.

Gartenansicht

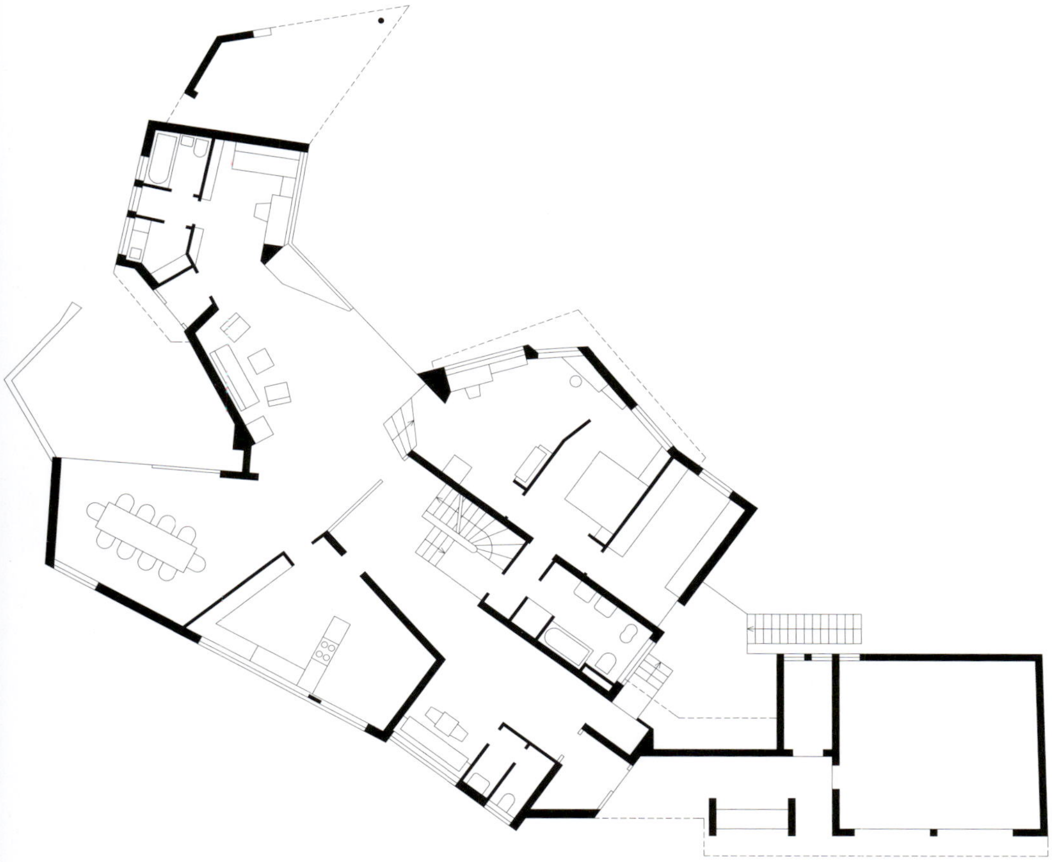

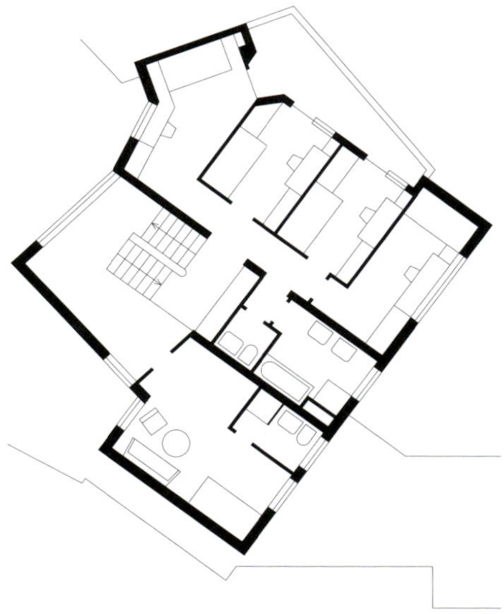

Grundriss Erdgeschoss
Grundriss Obergeschoss
Straßenansicht

HAUPT- UND GRUNDSCHULE MARL

Marl, 1960–71

Wie bei der zuvor entworfenen Schule in Lünen wurden auch hier die Klassenräume als „Wohnungen" konzipiert. Auch hier sind ihnen Nebenräume und ebenso große Außenbereiche für Freiluftunterricht und die Pausen angegliedert. Wie in Lünen wurden unterschiedliche Typen von „Schulwohnungen" für unterschiedliche Altersgruppen entwickelt, die sich hier allerdings um einen Kern gruppieren. Die Flügel mit den Klassenräumen greifen in die Landschaft, so dass ein Ineinander von Bauwerk und Außenraum entsteht. Dabei scheinen die Flügel um den zentralen, auch für externe Theater- und Musikaufführungen bestimmten Versammlungssaal zu rotieren, während die Architektur insgesamt weniger bunt ist als in Lünen.

Im Gegensatz zu dem Hochschulcharakter der naturwissenschaftlichen Hörsäle in Lünen haben die Werkstätten hier als Vorbereitung auf das Berufsleben „den Charakter einer kleinen Fabrikhalle".[1]
In der komplexen Struktur der Anlage nimmt jeder Bereich eine andere Gestalt an. Auf der Dachterrasse war ein „Platz für Himmelsbeobachtungen"[2] geplant. Scharoun wollte in einer Schule „einen wichtigen geistigen Konzentrationspunkt"[3] schaffen: „Den Kontrapunkt zum offenen Bezirk, der die Verbindung mit der täglichen Umwelt darstellt, bildet der als ‚Kosmischer Raum' bezeichnete Mittlerraum zur kosmischen Umwelt. Durch ihn soll die anschauliche Vorstellung von der beziehungsreichen Einbindung des Menschen in das All gefördert werden."[4]

Für Scharoun hatte die Architektur einer Schule eine gesellschaftliche Funktion. „Es geht dabei nicht nur um Wissensvermehrung, sondern um Erlebnisvermittlung und Bewusstseinsbildung, damit der einzelne den echten Kontakt zum öffentlichen Leben und Beziehung zur politischen Gemeinschaft finden kann."[5] Eine Schule, erklärte er, sollte „eine Vorstellung von der Weise des Lebens vermitteln – wie Demokratie."[6]

1 Hans Scharoun im Erläuterungstext zur Schule, in: Peter Pfankuch (Hrsg.), *Hans Scharoun – Bauten, Entwürfe, Texte*, Berlin 1974, S. 262.
2 Ebda., S. 263.
3 Hans Scharoun in einem Erläuterungstext von 1951 zur unrealisierten Schule in Darmstadt, in: ebda., S. 197. Scharoun erklärte, dass er in Marl die Ideen des Darmstädter Projekts wiederholt habe (S. 262).
4 Ebda., S. 197.
5 Hans Scharoun, „Raum und Milieu der Schule", in: *Bauen + Wohnen*, Heft 4, 1961, S. 4.
6 Ebda.

Vogelschau Gesamtanlage

Grundriss

Zentrale Halle

Auditorium
Zentrale Halle mit Blick Richtung Eingang

Klassenraum

Klassenräume
Überdachter Freiraum
Terrassenbrüstung als Bank

FAKULTÄT FÜR ARCHITEKTUR DER TECHNISCHEN UNIVERSITÄT BERLIN

Berlin-Charlottenburg, 1962–70, Anbau

Bei diesem Bau am Ernst-Reuter-Platz handelt es sich um einen Flügel des Gebäudekomplexes der Fakultät für Architektur, der sich aus einem Hochhaus und einem angegliederten Flachbau zusammensetzt. Während der Architekt Bernhard Hermkes das Hochhaus und den Teil des Flachbaus entwarf, der die Cafeteria und den großen Hörsaal aufnimmt, verlängerte Scharoun den Bau mit einem Gebäudeteil für Zeichensäle und Institutsräume – auch für das Institut für Städtebau, das er 1946–58 geleitet hatte. Heute sind in dem L-förmigen Flügel, der einen abgesenkten, von Herta Hammerbacher[1] gestalteten Garten umschließt, auch die Bibliothek und das Architekturmuseum der TU untergebracht.

Erschlossen wird dieser Gebäudeteil über das Hochhaus sowie über einen Steg, der über die terrassierte Grünanlage führt. Wer den Bau über den Steg betritt, gelangt zunächst in eine zweigeschossige Halle, um die sich die sonstigen Räume gruppieren. Die Farbfassung der horizontalen Fassadenelemente in Orange folgte der Farbigkeit der Sonnenschutzelemente am Hochhaus.

1 Die Landschaftsarchitektin Herta Hammerbacher (1900–85) entwarf bereits den Garten von Haus Schminke. 1934 baute Scharoun ihr Haus in Potsdam, das sie mit Hermann Mattern bewohnte, mit dem sie damals verheiratet war.

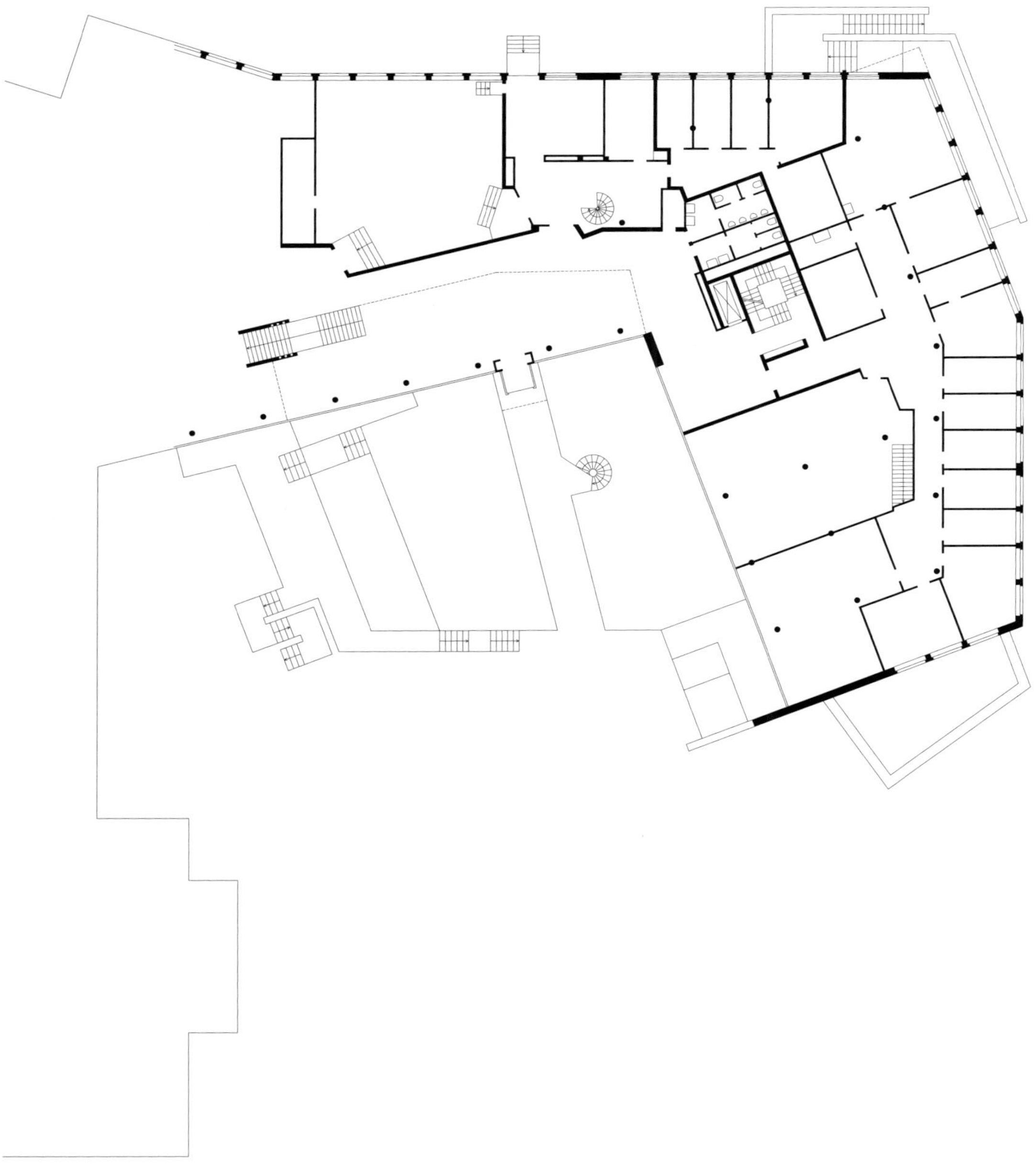

Grundriss

Gartenanlage von Herta Hammerbacher
Gebäudeteil mit der heutigen Architekturbibliothek

SIEDLUNG RAUHER KAPF

Böblingen, 1963–66 (mit Philipp Plötz)

Die Gruppe der sieben Bauten liegt am Stadtrand und ist von einer Ringstraße umgeben. Die Bebauung setzt sich aus einem flachen Ladenzentrum und ringförmig angeordneten Wohnbauten zusammen, so dass sie einen zentralen Freiraum umschließen. Die aufgelockerte Bebauung ermöglicht die Fortsetzung der bewaldeten Landschaft der Umgebung. Jeder der Wohnbauten setzt sich aus zwei ineinander verschränkten Volumen zusammen, die auch durch unterschiedliche Farbtöne voneinander abgesetzt sind. Die zwei Volumen durchdringen sich nicht nur im Grundriss, sondern sind auch im Gebäudeschnitt jeweils um ein halbes Geschoss voneinander versetzt. Dieser Höhensprung wurde erzielt, indem von sämtlichen Treppenpodesten Wohnungen erschlossen werden. So sind die nördlichen Gebäudeteile immer um ein halbes Geschoss höher. Aber auch die gesamte Baumasse der Anlage treppt sich nach Süden hin ab, da die südlichen Bauten niedriger sind als die nördlichen. Trotz der unregelmäßigen Grundrissfiguren, die sich auch aus der fächerförmigen Gruppierung der Wohnungen um das zentrale Treppenhaus ergeben, sind sämtliche Wohnungen mit ihren Balkonen nach Süden hin orientiert. Die verschachtelten Baukörper ergeben sich daraus, dass sich auch die Wohnräume der im Norden gelegenen Wohnungen nach Süden hin öffnen.

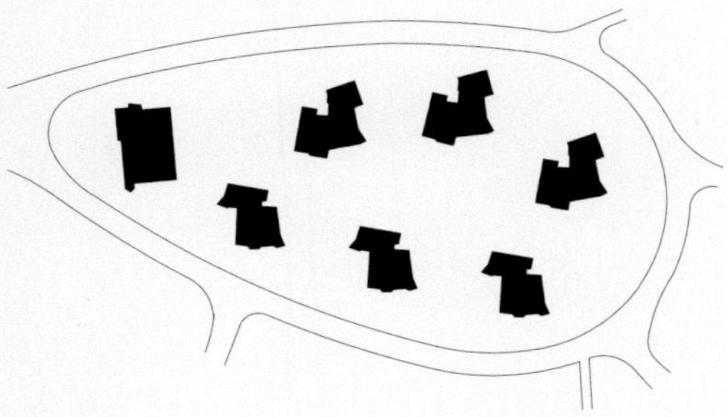

Lageplan
Südansicht der Gesamtanlage

Grundriss südlicher Gebäudetyp
Nördlicher Gebäudetyp, Ostseite

AUTOHOF ROT

Stuttgart, 1964–69

Bei diesem Gebäudekomplex im Stuttgarter Stadtteil Rot handelt es sich um ein Ladenzentrum mit angegliedertem Garagenhof gegenüber der ebenfalls von Scharoun erbauten Wohnhochhäuser „Romeo und Julia“ (siehe Lageplan S. 121). Der glatt verputzte, höhere Kopfbau mit Geschäften und Arztpraxen ist mit seinen zwei oberen Geschossen auskragend, während die doppelgeschossige Parkgarage mit einem unregelmäßig gestreiften Betonrelief in Erscheinung tritt. An der nordwestlichen Gebäudeecke, die sich den gegenüberliegenden Hochhäusern zuwendet, ist ein Teil des Bauvolumens „herausgeklappt“, so dass ein gläserner Erker entstanden ist, der sich als eine architektonische Geste zu diesen Bauten orientiert. Die Anlage wurde allerdings baulich stark verändert. So wurden etwa die Rampen und die Zufahrten zu den Garagen im Innenhof mittlerweile überdacht.

DEUTSCHE BOTSCHAFT BRASÍLIA

Brasília, 1964–71

1 Hans Scharoun „Zum Neubau der Deutschen Botschaft in Brasília“, Manuskript, in: Akademie der Künste, Berlin, Hans-Scharoun-Archiv, Mappe WV 249.
2 Ebda.

Mit der Planung der neu gegründeten Hauptstadt Brasiliens wurde auch das Botschaftsviertel konzipiert. Der Gebäudekomplex der Botschaft der Bundesrepublik Deutschland umfasst Residenz, Kanzlei und Mitarbeiterwohnungen. Den tropischen Landschaftsgarten, zu dem Terrassen hinabführen, gestaltete Roberto Burle Marx. Dabei wirkt sich das abfallende Gelände nicht nur auf die Gebäudeform und die Freiraumgestaltung aus, sondern auch auf den Innenraum. Auch die Säle der Residenz sind als Folge ansteigender Plateaus konzipiert.

Mit dem Bau „wird die Geländeform nachgezeichnet“, erklärte Scharoun. „Von daher ist das bewegte heitere Spiel der ineinander greifenden abgestuften Räume mit ihrer nuancenreichen Farbgebung zu verstehen.“[1] Diese Gestaltung begriff Scharoun als ein Gegenmodell zu überkommenen Vorstellungen von Repräsentation. „So gehen Raum und Mensch neue Beziehungen und Wechselwirkungen ein, in die Kultur und Natur einbezogen sind – von der Intimität eines Details am Bauwerk bis zur Monumentalität der Landschaft Brasiliens.“[2]

Die groß dimensionierten Empfangsräume der Residenz mit einem zentralen offenen Kamin – der im tropischen Klima aber nicht benutzt wird – öffnen sich in unterschiedliche Richtungen und bieten weite Ausblicke über die Landschaft. Auch wenn die Möblierung mittlerweile erneuert wurde, ist das Bauwerk sowie der Garten nicht wesentlich verändert worden. Auf das extreme Klima sollten weit auskragende Verschattungselemente an den Fassaden reagieren, doch zusätzliche Sonnenschutzvorrichtungen wurden nachinstalliert.

Die Wohnbauten sind als eine flache und dichte Bebauungsstruktur organisiert. In zahlreichen Projekten hatte Scharoun eine derartige Teppichbebauung mit wabenartig aneinandergefügten Atriumhäusern entwickelt, aber erst hier zur Wohnnutzung realisieren können.

Lageplan
Vogelschau der Gesamtanlage

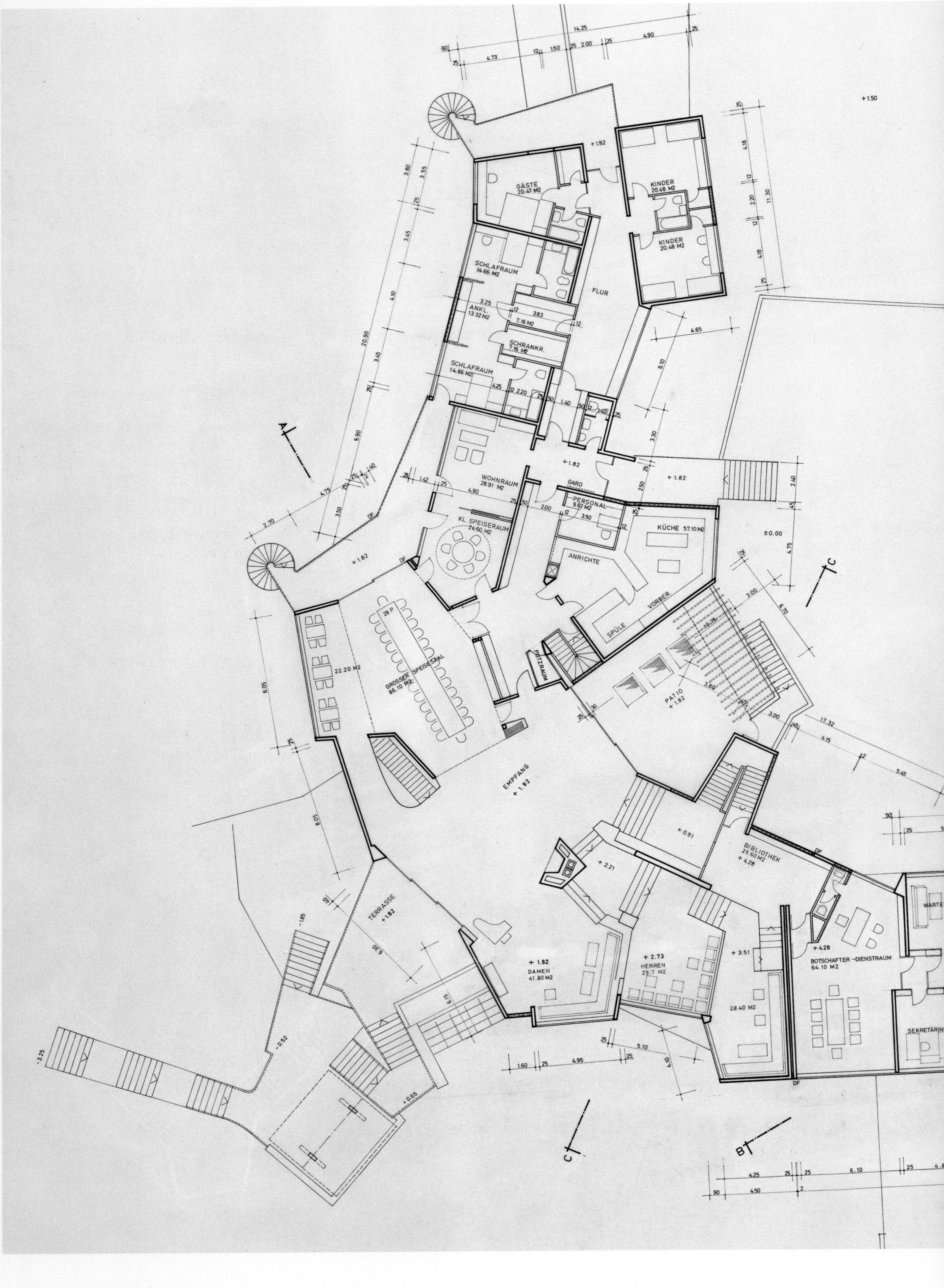
GÄSTE
20.47 M2
KINDER
20.48 M2
KINDER
20.48 M2
SCHLAFRAUM
14.66 M2
FLUR
ANKL.
13.32 M2
SCHRANKR.
7.16 M2
SCHLAFRAUM
14.66 M2
WOHNRAUM
28.91 M2
GARD
PERSONAL
9.62 M2
KÜCHE 57.10 M2
KL. SPEISERAUM
24.50 M2
ANRICHTE
SPÜLE
VORBER.
PUTZRAUM
22.20 M2
GROSSER SPEISESAAL
86.10 M2
PATIO
+ 1.82
EMPFANG
+ 1.82
BIBLIOTHEK
29.60 M2
+ 4.28
TERRASSE
+ 1.82
DAMEN
41.80 M2
HERREN
29.7 M2
28.40 M2
BOTSCHAFTER-DIENSTRAUM
64.10 M2
SEKRETÄRIN
WARTE

VERWALTUNG
SITZUNGSZIMMER
POSTABFERTIGUNG 16.30 M2
HAUPTREGISTRATUR 39.0 M2
AMTSBOTE 11.50 M2
TRESOR
ZAHLSTELLE 19.70 M2
REFERENT
RESERVE (POLIT. REFER. II) 19.10 M2
WARTEN
AKTEN
PUTZRAUM
TEEKÜ 3.80 M2
KANTINE 84.72 M2
PROTOKOLL-SEKR.
SOZIAL-REFERENT 26.20 M2
KANZLER 22 M2
SCHREIBDIENST 16.30 M2
SACHBEARBEITER 16.30 M2
RESERVE 10.70 M2
TELEFON 9.50 M2
GESTELLR.
PERSONAL 6.63 M2
VORRÄTE 6.63 M2
KÜCHE 39.25 M2
VERWALTUNG
25.00
15.00
A
B

Zugangsseite Residenz und Kanzlei
Hofseite Kanzlei

Verbindungsbrücke zwischen Kanzlei und Residenz
Überdachte Zufahrt

Von Roberto Burle Marx gestalteter Garten der Residenz

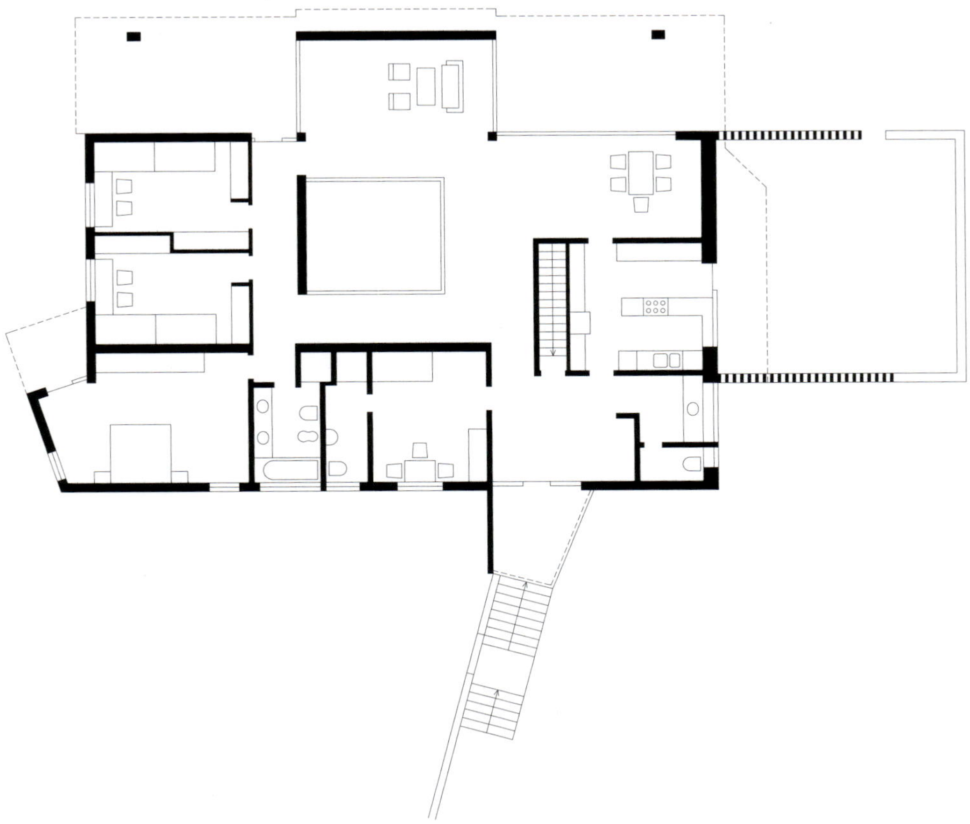

Grundriss Wohnhaus
Wohngebäude für Angestellte

Empfangssaal Residenz

Abgestufte Raumfolge
Speisesaal

STAATSBIBLIOTHEK BERLIN

Berlin-Tiergarten, 1964–78 (mit Edgar Wisniewski)

Als der Bau unweit des Potsdamer Platzes geplant wurde,[1] existierten dort kaum Gebäude. Das Grundstück lag nach dem Bau der Berliner Mauer im Jahr 1961 an der Peripherie West-Berlins. Zusammen mit der benachbarten Philharmonie und der gegenüber geplanten Neuen Nationalgalerie – dessen Entwurf von Mies van der Rohe bereits bekannt und 1968 fertiggestellt war – ist die Bibliothek Bestandteil des Kulturforums, während an der Ostseite, unmittelbar neben dem Bau, eine Autobahn geplant war. So schottet sich das Bauwerk durch ein gewaltiges Büchermagazin nach Osten ab und öffnet sich mit den Leseräumen zum Kulturforum. Der Bau reagiert sowohl städtebaulich als auch mit der Gestaltung des Innenraums auf die Nationalgalerie, dessen Baumasse von der Straße abgerückt ist. Ebenso stuft sich der Baukörper der Bibliothek zur Straße ab, so dass ein „Tal" in der Stadtlandschaft entsteht, wie es Scharoun formulierte.[2]

Das Gebäude ist in zwei parallele Zonen untergliedert, dem internen Bereich des erhöhten Magazinblocks und dem öffentlichen Bereich mit Eingangshalle, Katalogen und einer weiten Innenraumlandschaft aus aneinandergefügten Lesesälen. Trotz der klaren Trennung wurde eine „weitgehend mögliche Verzahnung der internen und öffentlichen Räume"[3] angestrebt. Eine Oberlichtdecke ruht wie bei der Nationalgalerie auf monumentalen, sich nach oben verjüngenden Stützen mit einem kreuzförmigen Querschnitt. Die Oberlichtkonstruktion setzt sich aus Kunststoffkugeln zusammen, die Tages- und Kunstlicht mischen. Beim Durchschreiten der Räume verändert sich die Architektur permanent. Trotz der riesigen Dimensionen des Gebäudes wurde durch die innere Organisation überall ein intimer Maßstab gewahrt.

1 Scharoun gewann den Wettbewerb 1964, und drei Jahre später erfolgte die Grundsteinlegung. Der Bau wurde zusammen mit Edgar Wisniewski und der Bundesbaudirektion geplant.
2 Hans Scharoun im Erläuterungsbericht, 1964, in: Peter Pfankuch (Hrsg.), *Hans Scharoun – Bauten, Entwürfe, Texte*, Berlin 1974, S. 339.
3 Ebda., S. 340.

Blick in Richtung Osten mit der Berliner Mauer im Hintergrund

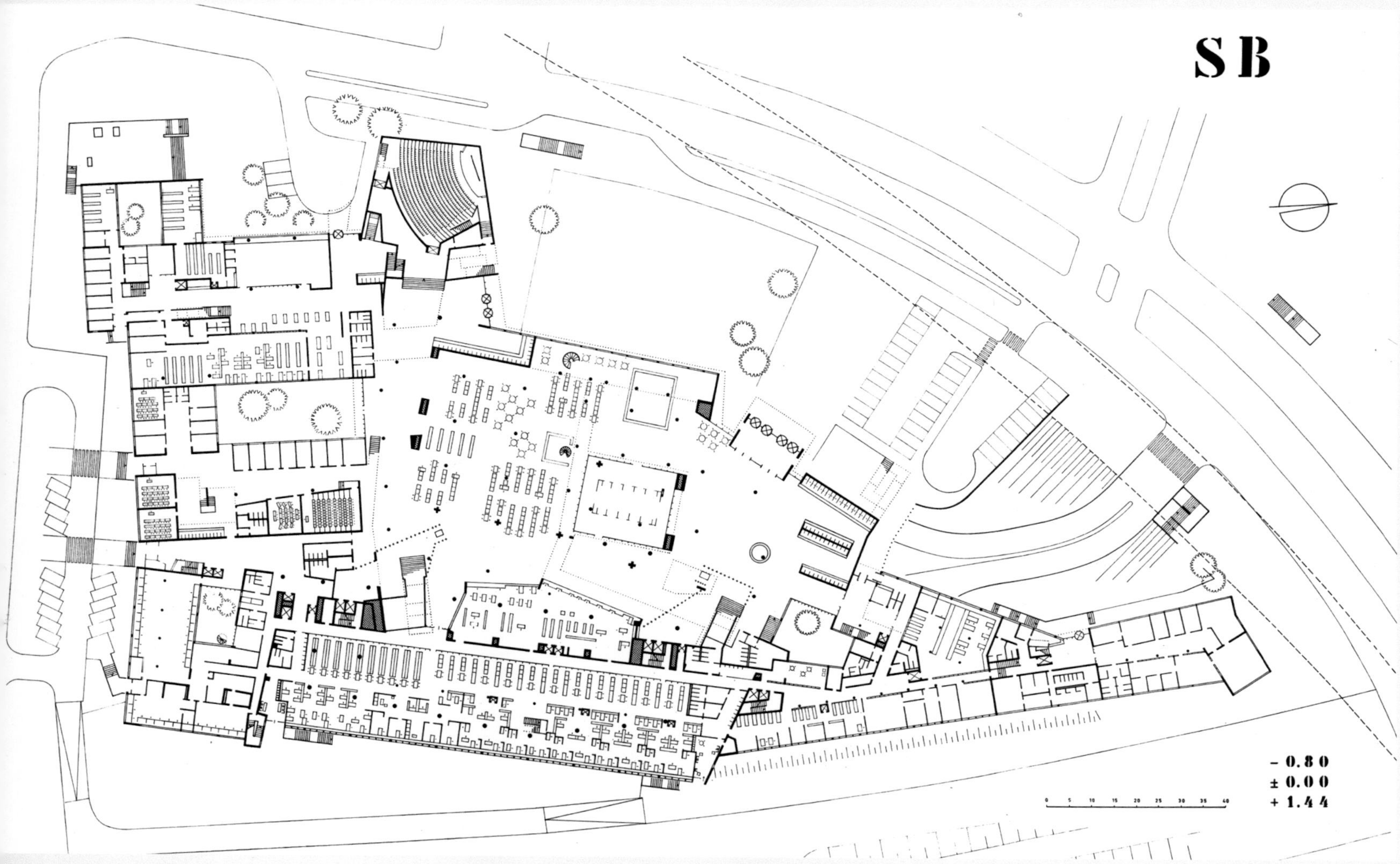

Grundriss Erdgeschoss

Haupteingang am Kulturforum
Bücherdepot an der Ostseite

Ansicht vom Kulturforum
Verwaltungsflügel an der Ostseite
Fassadendetail

Eingangsfoyer im Erdgeschoss
Lesesaal im Obergeschoss

Decken- und Wanddetails

HAUS TORMANN

Bad Homburg, 1965–66

Das Haus erstreckt sich in der Horizontalen, auch wenn ein Teil des Gebäudes zweigeschossig ausgebildet ist. Betont wird die Horizontale durch ein durchlaufendes Band des Dachs, das nur vom Kamin durchbrochen wird. Das Fußbodenniveau verspringt jedoch im Inneren mehrfach. Von der Eingangshalle im Zentrum führen ein paar Stufen hinauf zum privaten Flügel im Osten, während zum Wohnbereich im Südwesten eine kleine Treppe hinabführt. Der angegliederte Essplatz ist wiederum höher gelegen. Wie bei Adolf Loos' Konzept des „Raumplans" sind unterschiedliche Zonen durch verschiedene Raumhöhen gekennzeichnet. Die privaten Bereiche sind am niedrigsten, die halböffentlichen etwas höher, und der Raum mit dem öffentlichsten Charakter, der Wohnraum, ist am höchsten ausgebildet. Scharoun kombinierte Wohn-, Ess- und Arbeitszimmer nach der gleichen Struktur wie bei früheren Bauten aus den 1930er Jahren. Wie beim Haus Endell ist der Wohnbereich ebenfalls mit einem höher gelegenen Arbeitszimmer durch eine Wandöffnung verbunden.

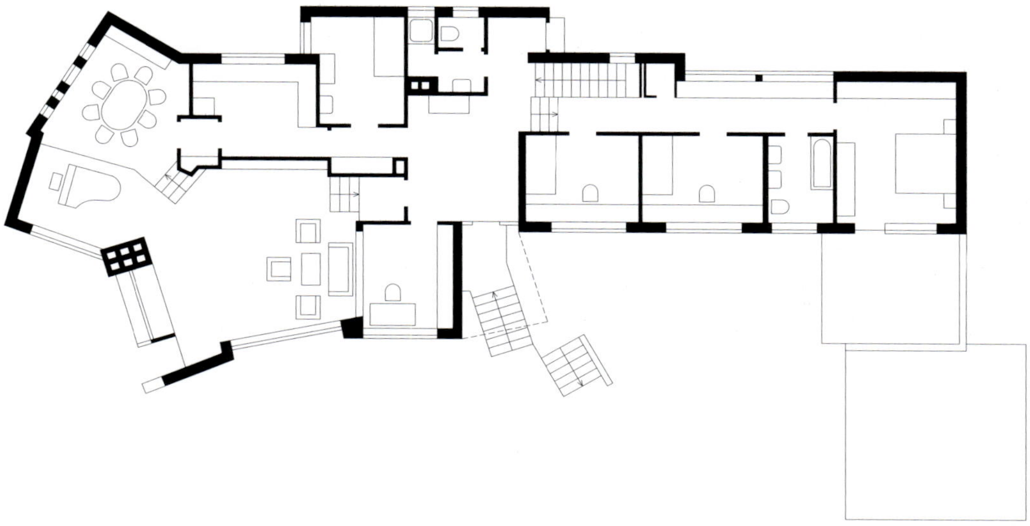

Grundriss
Ansicht von Südwest

JOHANNES-KIRCHE

Bochum, 1965–66 (mit Gundolf Bockemühl)

Der Bau wurde für die Christengemeinschaft errichtet, einer nach Anregungen von Rudolf Steiner gegründeten anthroposophischen Religionsgemeinschaft.[1] Während der Entwurf des Gebäudes auf Scharoun zurückgeht,[2] war der Partnerarchitekt Gundolf Bockemühl insbesondere mit der Ausführung befasst. Die Kirche ist an ein bestehendes Haus angebaut und wird über einen Vorraum erschlossen. Das polygonal geformte Dach überspannt den asymmetrischen, fast ausschließlich von einer Seite belichteten Kirchenraum und verleiht ihm – ähnlich der Decke der Berliner Philharmonie – einen zeltartigen Charakter. Die Dachkonstruktion ist so gefaltet, dass sie sich über dem Altar einen Spalt weit öffnet. Die Leuchter am Altar entwarf der Designer Wilhelm Wagenfeld. Durch die einseitig konzentrierte Belichtung erinnert der Raum aber auch an eine aus einem Felsen herausgearbeitete Höhle. Scharoun hatte schon als Schüler eine „Kirche als Fels" entworfen (Abb. S. 20).
Die Idee, einen Kirchenraum durch eine großflächige dreiecksförmige Öffnung zu belichten, die wiederum in weitere dreieckige Fenster unterteilt ist, wiederholte Scharoun 1966 bei seinem unrealisierten Projekt für die Kirche Verklärung Christi in Berlin.

1987 wurde an die Kirche eine Kapelle angebaut, die über den Hof erschlossen wird, aber auch mit der Sakristei verbunden ist.[3]

1 Steiner war selbst architektonisch tätig, er entwarf das Goetheanum in Dornach, und Scharouns Partnerarchitekt Gundolf Bockemühl steht der anthroposophischen – den rechten Winkel ablehnenden – Architekturauffassung nahe.
2 Als die Pläne für einen Kirchenneubau aufkamen, lebte in der Gemeinde Gertraude Bleks, geb. Schminke, für deren Eltern Scharoun das Wohnhaus entworfen hatte. Durch diesen persönlichen Kontakt begann Scharoun einen Vorentwurf zu skizzieren, wenngleich der eigentliche Entwurf in Zusammenarbeit mit Gundolf Bockemühl entstand.
3 Die Johannes-Kirche wurde 2009–16 von Detlev Bruckhoff und Andreas Gehrke renoviert. Unter anderem wurde das Dach erneuert.

Ansicht auf die Altarseite

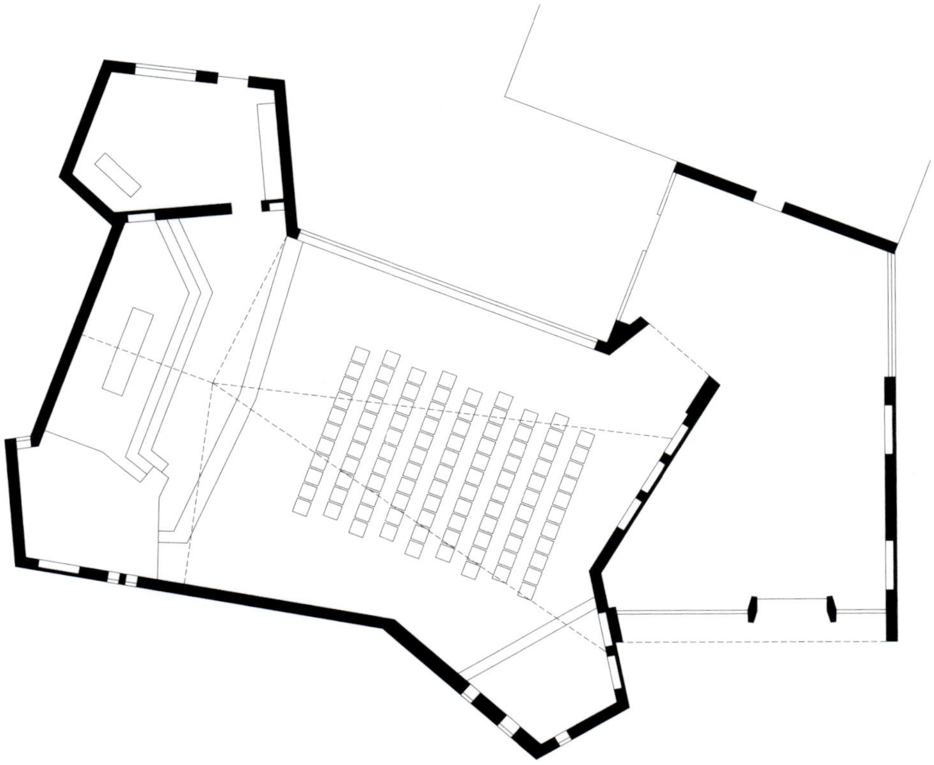

Grundriss
Blick zum Altar

Kirchenraum

THEATER WOLFSBURG

Wolfsburg, 1965–73

1 Hans Scharoun, Erläuterungsbericht zum Wettbewerbsentwurf, 1965, in: Peter Pfankuch (Hrsg.), *Hans Scharoun – Bauten, Entwürfe, Texte*, Berlin 1974, S. 327, 332.
2 Vgl. Kenneth Frampton, *Megaform as Urban Landscape*, Ann Arbor, MI, 1999.
3 Wie Anm. 1, S. 332.

„Das Besondere am Stadtbild Wolfsburgs ist die gleichstarke Bedeutung der Natur und der Bauwerke", argumentierte Scharoun und forderte eine architektonische „Lösung im Sinne des Lebendigen und Dynamischen".[1] Die Stadt wurde erst 1938 gegründet, mit dem Volkswagenwerk als baulicher Dominante. Errichtet wurde das Theater auf dem Klieversberg, einer begrünten Anhöhe in Sichtweite von Alvar Aaltos Kulturzentrum. Der Bau erstreckt sich als eine lineare Gebäudestruktur entlang des Hügels. Während eine historisch gewachsene Stadtstruktur fehlt, bildet das kristallin geformte und mit Muschelkalk verkleidete Zuschauer- und Bühnenhaus eine „Stadtkrone". Dabei wird die wie eine natürliche Gesteinsformation in Erscheinung tretende monolithische „Megaform"[2] zum identitätsstiftenden Element in der Stadtlandschaft.

Analog der linearen Organisation des Gebäudes ist das Foyer dem Theatersaal „vorgespannt"[3], so dass der Zugang zentral erfolgt. Entsprechend dieser Bewegungsrichtung ist auch die Lichtführung im Saal inszeniert. Der mit hellem Eschenholz vertäfelte Saal kann durch eine große Fensteröffnung über dem Eingang mit Tageslicht versehen werden. Da sich die Baukörper – entsprechend der Höhenlinien der Landschaft – leicht verdreht aneinanderfügen, erfolgt der Zugang in den Saal nicht axial, so dass auch das Tageslicht asymmetrisch einfällt und dem Raum eine dramatische Dynamik verleiht.

Die lineare Ausrichtung des Bauwerks wird mit dem Trakt der Umkleiden und Verwaltung fortgesetzt. Dieser Flügel ist als Teil einer Sockelzone mit Travertin verkleidet, während das Foyer raumhoch verglast ist, so dass sich auf dem Weg vom Eingang zum Theatersaal Panoramaausblicke über die Stadt bieten. Der Weg führt gradlinig entlang einer gleichmäßigen Stützenreihe. Im komplexen Grundrissgefüge ist dieser Weg sehr klar organisiert und zugleich als eine *promenade architecturale* inszeniert.

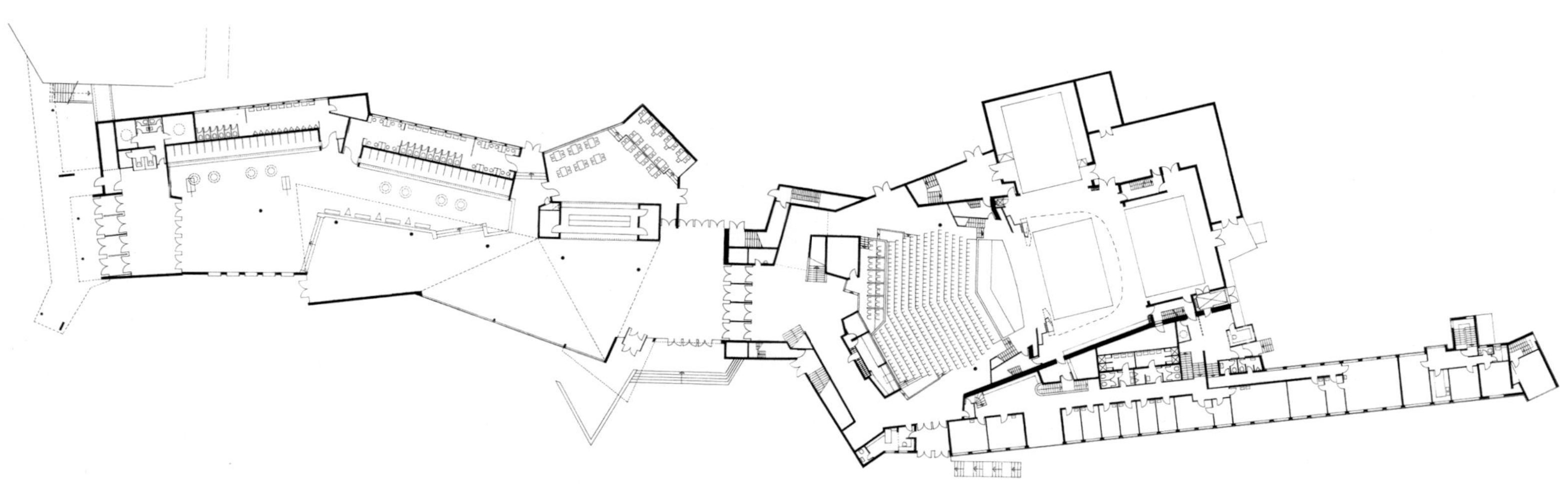

Grundriss

Ansicht von der Stadt
Blick hinunter zur Stadt

Zuschauerraum
Bühne

Foyer
Garderobe
Treppe zu den Rängen

KINDERGARTEN DER STEPHANUSGEMEINDE

Wolfsburg, 1966–69

1 Hans Scharoun, Erläuterungsbericht Volksschule Darmstadt, Juli 1951, in: Peter Pfankuch (Hrsg.), *Hans Scharoun – Bauten, Entwürfe, Texte*, Berlin 1974, S. 196.
2 Hans Scharoun, Erläuterungsbericht Kindergarten Wolfsburg, Mai 1966, in: Akademie der Künste, Berlin, Hans-Scharoun-Archiv, Mappe WV 241.

Scharoun hatte ein umfassendes Entwurfskonzept für Schulgebäude entwickelt, das sich auch auf Kindergartenbauten übertragen ließ. Das Bauwerk setzt sich aus einer Gruppierung von Zellen zusammen. Für unterschiedliche Alter der Kinder hatte Scharoun unterschiedliche Raumtypen konzipiert. Die Gruppenräume für die jüngsten Kinder sollten durch einen „Nest- und Höhlen-Charakter"[1] auf das Spielerische abzielen.

Auch im Kindergarten der Wolfsburger Stephanusgemeinde, für die Alvar Aalto die Kirche baute, gruppieren sich gleichartige Raumeinheiten um ein offenes, der Zirkulation dienendes Zentrum. Drei dieser Einheiten setzen sich aus einem Gruppenraum mit Waschraum und Garderobe zusammen und öffnen sich jeweils zum Außenraum. Diese „Glieder" sind in einer rotierenden Bewegung um das von Oberlichtern belichtete Zentrum angeordnet. Die holzvertäfelten Gruppenräume weisen durch eine polygonal geformte Decke unterschiedliche Raumhöhen auf und sind auf der Südseite verglast. Eine „angehängte Spielnische"[2] verwandelt die ansonsten quadratischen Räume zu einer unregelmäßigen Grundrissform. Durch An- und Umbauten wurde der Bau später verändert.

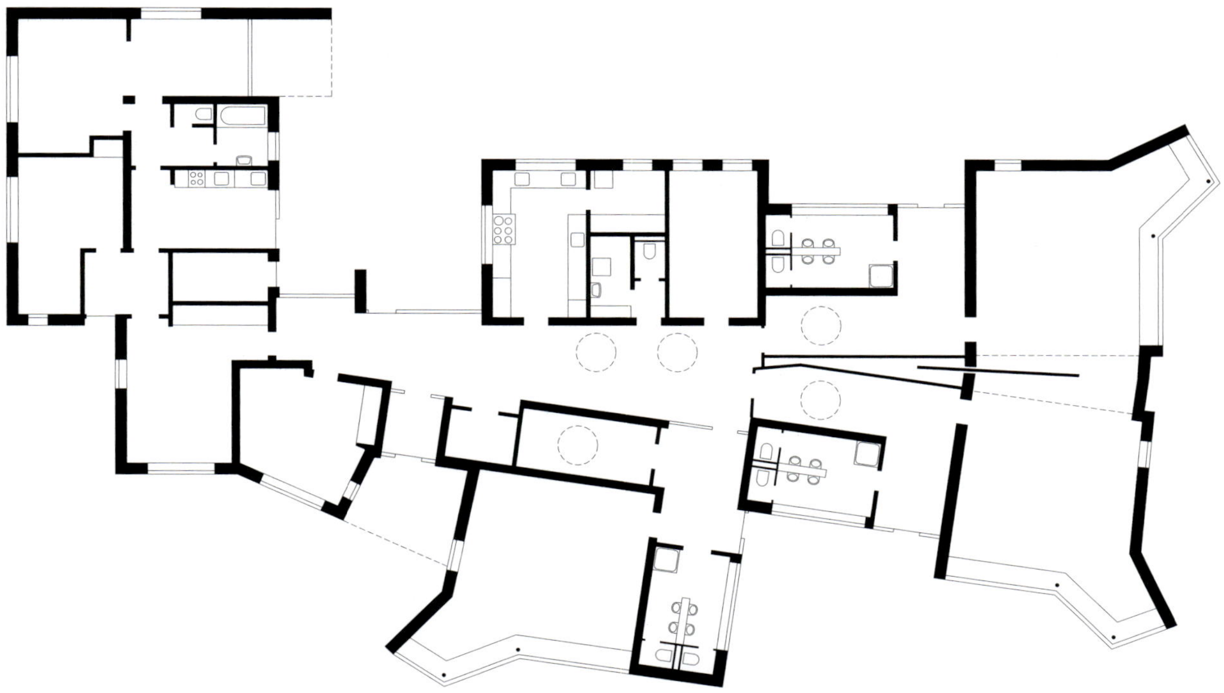

Grundriss
Ansicht von Osten

WOHNHOCHHAUS AM ZABEL-KRÜGER-DAMM

Berlin-Waidmannslust, 1966–71

Der Entwurf basiert auf Scharouns Stuttgarter Wohnhochhaus „Salute", dessen Grundrissform hier verdoppelt wurde. Die Stelle im Zentrum, an der die beiden Einheiten aneinandergefügt sind, ist im Erdgeschoss freigehalten. Hier ruht der Bau auf Stützen. Die H-förmige Stuttgarter Grundrissfigur scheint um einen Mittelpunkt gespiegelt, aber modifiziert, so dass in einem Geschoss jede Wohneinheit verschieden bleibt. Bekrönt wird der Bau mit einer komplexen Dachlandschaft aus Atelierwohnungen. Diese Ateliers sind, wie Scharoun einräumte, „für richtige Maler ungeeignet, sondern mehr für Verrückte gedacht, die sich eine ausgefallenere Wohnungsform wünschen und leisten können"[1].

Die Bebauungsstruktur kann als ein System begriffen werden, an das noch weitere Einheiten angekoppelt werden könnten. Während sich der Komplex von einer Seite als Staffelung vertikal aufstrebender Elemente zeigt, ist die gegenüberliegende Seite mit Balkonen, die wie Blätter gleichförmig nach Süden weisen, einheitlich zum Licht orientiert.

1 Hans Scharoun zitiert in: *Bauwelt*, Heft 33, 1973, S. 1434ff.

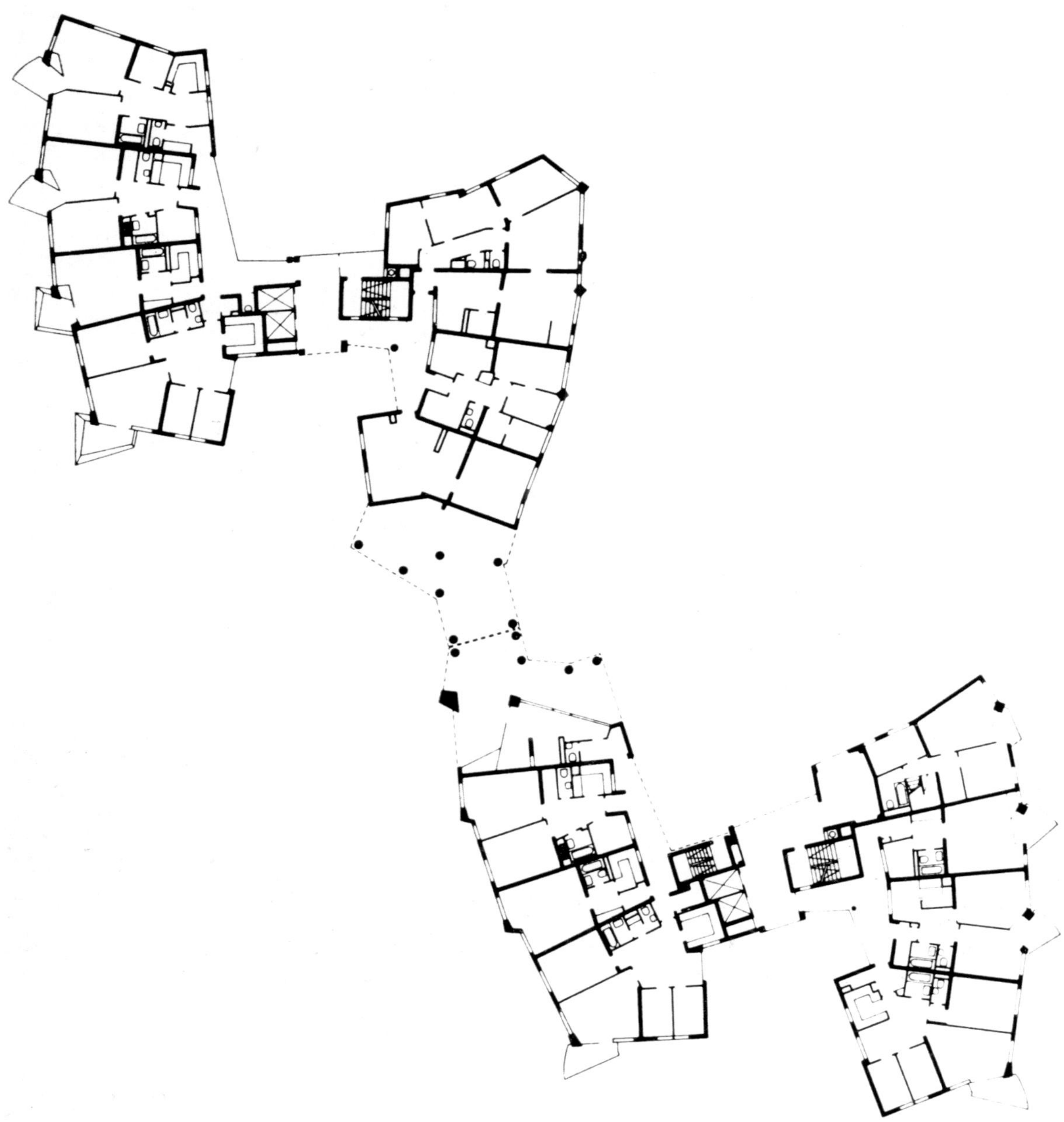

Grundriss Erdgeschoss

Ansichten von Westen

Ansicht von Süden
Durchgang im Zentrum

Ansicht von Norden

WOHNHOCHHAUS „ORPLID“

Böblingen, 1966–71 (mit Kurt Storm)

Das Hochhaus ist nicht als ein Turm ausgebildet, sondern als ein 100 Meter langes terrassiertes Gebäudeband. Über zahlreiche Stufen türmt sich die Baumasse unregelmäßig auf, während die bandartige Struktur der Anlage Ausblicke von den Wohnungen in verschiedene Himmelsrichtungen ermöglicht. Der Bau liegt unmittelbar am Stadtrand, umgeben von Feldern. Die Unregelmäßigkeit des Baukörpers spiegelt die Vielzahl von Wohnungstypen wider, die von minimalen 30-Quadratmeter-Einheiten zu großen Wohnungen von über 200 Quadratmetern reicht. Dabei handelt es sich um Eigentumswohnungen, die über Laubengänge erschlossen werden und zu Nachbarschaften innerhalb des Gebäudes zusammengefasst sind. Die Baumasse ist komplex gestaffelt und mit Atelierwohnungen bekrönt. Da der Bau in eine hügelige Topografie eingebettet ist, erfolgt der Zugang zum südlichen Gebäudeflügel über eine Brücke.

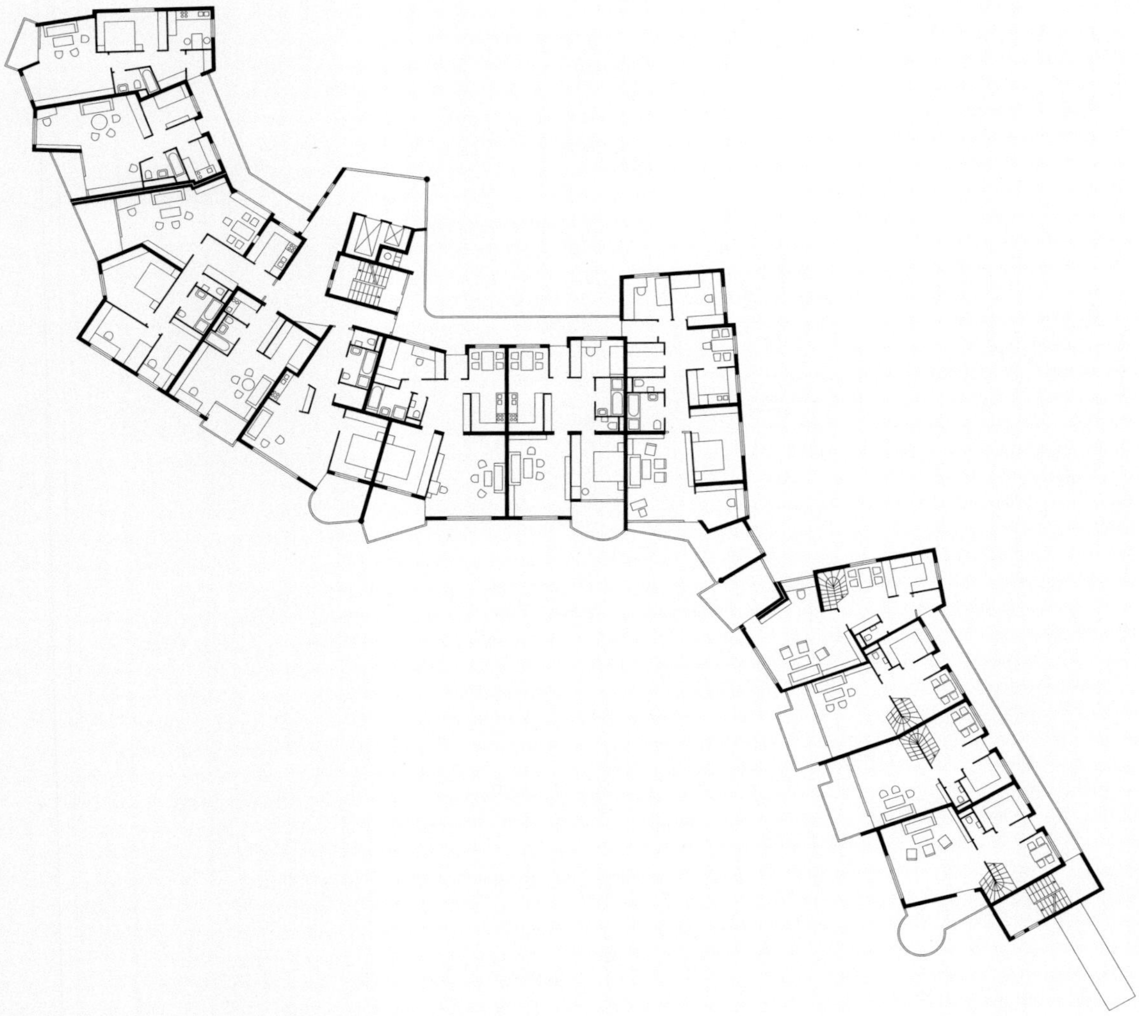

Grundriss
Ansicht von Norden
Ansicht von Süden

Ansichten von Norden

AOK-HAUPTVERWALTUNG

Berlin-Kreuzberg, 1967–70

Der Komplex der Krankenkassenhauptverwaltung entstand in einer Arbeitsgemeinschaft von Scharoun und dem Architekten Bodo Fleischer. Während Scharoun ein Verwaltungs- und Wohngebäude am Rondell des Mehringplatzes schuf, baute Fleischer einen angegliederten Hochhausturm. Scharoun hatte zuvor den städtebaulichen Wettbewerb für die Bebauung des kriegszerstörten, runden Mehringplatzes gewonnen und eine Bebauung aus zwei konzentrischen Ringen mit einem Fußgängerbereich zwischen den Bauten vorgeschlagen. Scharoun konnte das westliche Segment des äußeren Rondells realisieren, während die übrige Bebauung, die sich ebenfalls an seinem städtebaulichen Konzept orientiert hat, durch Werner Düttmann ausgeführt wurde.

Die Fenster zwischen den Brüstungsbändern mit gelben Klinkern waren ursprünglich weiß – das vom AOK-Logo abgeleitete Grün kam erst später und war nicht im Sinne Scharouns.[1] Während einer 2016 abgeschlossenen Generalsanierung wurden die Fassaden und Innenräume vollkommen verändert. Allein die Form des Sitzungssaals mit einer zeltartig gefalteten Decke und einer vertikal strukturierten Holzvertäfelung entspricht noch weitgehend dem Original.[2]

1 Information der Projektleiterin Elke Bahrs-Discher.
2 Allerdings war ursprünglich auch die Decke holzvertäfelt. Vgl. Akademie der Künste, Berlin, Hans-Scharoun-Archiv, Mappe WV 243.

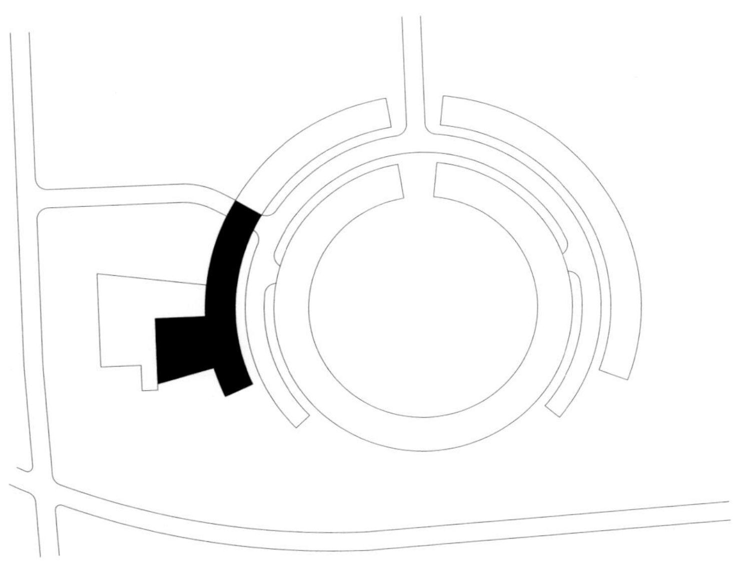

Lageplan

Rondellgebäude am Mehringplatz
Sitzungssaal

KAMMERMUSIKSAAL

Berlin-Tiergarten, 1968–87 (mit Edgar Wisniewski)

Der Kammermusiksaal ist als Anbau an die Philharmonie konzipiert und liegt zwischen Philharmonie und Mies van der Rohes Neuer Nationalgalerie. Das Projekt haben Scharoun und sein Mitarbeiter Edgar Wisniewski in einer Arbeitsgemeinschaft gemeinsam entwickelt. Schon eine frühe Entwurfsskizze von Scharoun zeigt einen Zentralraum mit Zuschauerrängen um ein sechseckiges Podium. Auch wenn die Grundkonzeption des Gebäudes auf Scharoun zurückgeht, ist der 15 Jahre nach seinem Tod fertiggestellte Bau weitgehend ein Werk von Wisniewski. Dieser begriff zwar eine Skizze von Scharoun als „Gestaltanweisung“[1], um den Bau im Sinne von Scharoun zu vollenden, doch wurde das Bauvolumen so stark vergrößert, dass es die ursprüngliche Blickbeziehung zwischen Philharmonie und Neuer Nationalgalerie verstellt hat.

Obwohl der Kammermusiksaal 24 Jahre nach der Philharmonie vollendet wurde, sind die beiden Säle in ihrer architektonischen Gestaltung und Detaillierung ähnlich. Die Zuschauerränge des Kammermusiksaals, die noch gleichförmiger um das Podium herum angeordnet sind als bei der Philharmonie, sind ebenfalls wie „Weinberge“ angelegt, und auch die Saaldecke ist in der Form eines „Zeltes“ ausgebildet. Die ursprünglich strenge Geometrie im Zentrum des Saals wurde im Laufe der extrem langen Planungszeit unregelmäßiger und verschachtelter und so auch ähnlicher der Philharmonie. Auch wenn der Kammermusiksaal ebenfalls auf einer zentralen Symmetrieachse aufgebaut ist, erscheint er von den meisten Plätzen jedoch asymmetrisch.

1 Edgar Wisniewski, *Die Berliner Philharmonie und ihr Kammermusiksaal – Der Konzertsaal als Zentralraum*, Berlin 1993, S. 166.

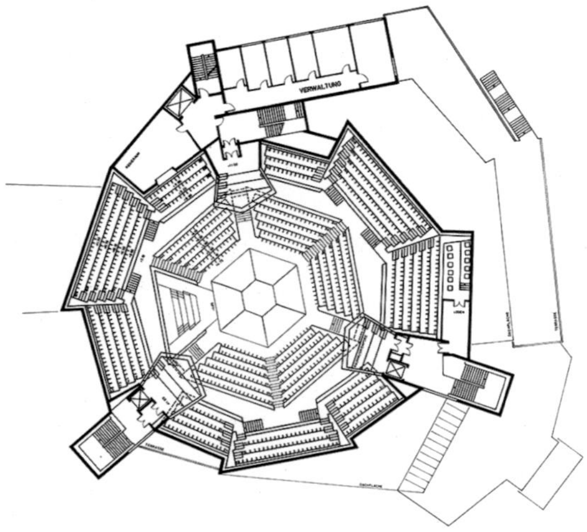

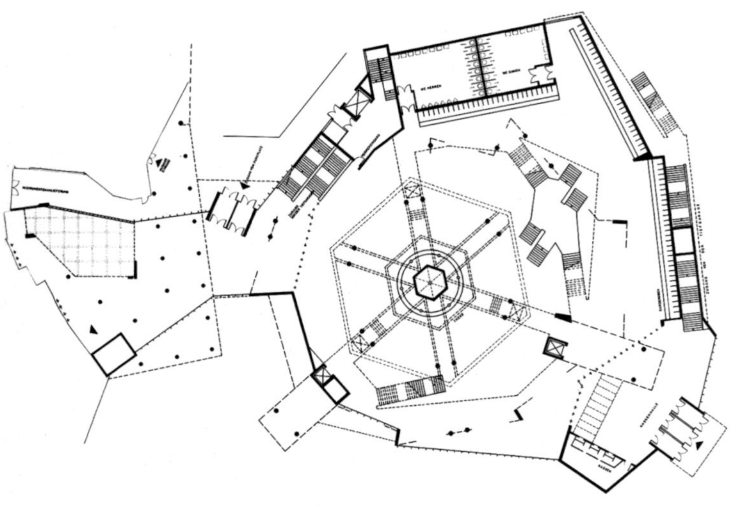

Grundriss Obergeschoss, Vorentwurf
Grundriss Erdgeschoss, Vorentwurf

Konzertsaal
Foyer

DEUTSCHES SCHIFFAHRTSMUSEUM

Bremerhaven, 1969–75 (mit Helmut Bohnsack)

Durch die horizontale Ausrichtung des Baukörpers mit einem aufragenden vertikalen Element erinnert das Bauwerk an ein Schiff. Die Schiffsmotive, die sich seit den 1920er Jahren kontinuierlich durch Scharouns Werk ziehen und die er selbst auf seine Kindheitserfahrungen in der Hafenstadt Bremerhaven zurückführt, treten bei keinem Bau offenkundiger in Erscheinung. Die großen hellen Flächen mit Bullaugenfenstern verleihen dem Gebäude ebenso seinen Charakter wie die horizontalen Fensterbänder und die wie Relings gestalteten Geländer. Auch das Raumerlebnis, das die Besucher beim Durchschreiten erfahren, ist nicht das eines klassischen Museums, das auf einer Raumabfolge von in sich abgeschlossenen Sälen beruht. Die Besucher betreten stattdessen ein offenes Raumgefüge, bei dem eine Vielzahl von Ebenen mit Treppen verbunden sind und permanent neue Blickbeziehungen auf die unterschiedlichen Niveaus und in den Außenraum ermöglichen. Das Gebäude liegt zwischen dem Alten Hafen und der Wesermündung, so dass sich zahlreiche Ausblicke auf das Wasser und die Schiffe bieten, von den oberen Ebenen sogar bis weit auf das offene Meer.

„Intimität wechselt mit den Sichtbezügen, mit Ein- und Ausblicken“[1], erläuterte Scharoun und erklärte, dass der Entwurf das Wesen der Hafenstadt und den Charakter der Bewohner widerspiegeln wolle. Um das Charakteristische des Kontextes abzubilden, konzipierte er eine Architektur der „Vielfältigkeit“ und nahm für dieses Ziel auch eine teilweise unübersichtliche Wegeführung im Museum in Kauf.

1 Hans Scharoun im Erläuterungsbericht, in: J. Christoph Bürkle, *Hans Scharoun*, Zürich 1993, S. 152.

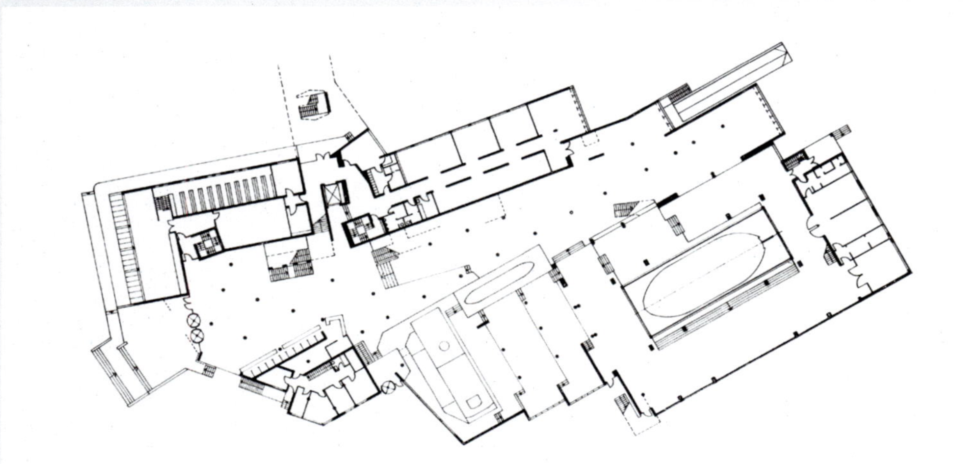

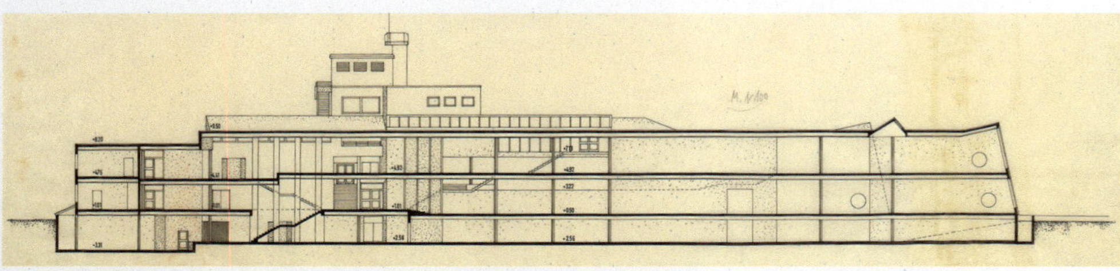

Grundriss Erdgeschoss
Schnitt
Ansicht vom Strand

Ansicht von Westen
Ansicht von Südwest

MUSIKINSTRUMENTEN-MUSEUM

Berlin-Tiergarten, 1969–84 (mit Edgar Wisniewski)

Neben dem Kammermusiksaal wurde auch das Musikinstrumenten-Museum mit angegliedertem Institut für Musikforschung[1] an die Philharmonie angebaut und ist mit dem Foyer direkt verbunden. Der Komplex dieser Bauten bringt Scharouns städtebauliches Konzept der durchgrünten Stadtlandschaft zum Ausdruck. Wie der Kammermusiksaal war auch das Museum in einer Arbeitsgemeinschaft mit Edgar Wisniewski entstanden, und auch hier wurde erst nach Scharouns Tod mit dem Bau begonnen.

Die Ausstellungsflächen für die Sammlung historischer Musikinstrumente sind um ein mit Sheddächern belichtetes Atrium organisiert. Das Oberlicht nach Norden ermöglicht Tageslicht im Inneren. Während die Räume des Forschungsinstituts streng orthogonal um einen rechteckigen Hof angeordnet sind, gruppieren sich die Ausstellungsebenen des Museums um das polygonal geformte Atrium, so dass eine weitläufige Ausstellungslandschaft auf verschiedenen Niveaus entstand. Das offene Zentrum wird auch für Musikveranstaltungen flexibel genutzt. Zusätzlich wurden für Aufführungen von unterschiedlichen Musikrichtungen unterschiedliche Raumtypen entwickelt, für Jazz ein „Anti-Konzertraum" mit einer „zwanglosen Atmosphäre".[2]

1 Der offizielle Name lautet Staatliches Institut für Musikforschung Preußischer Kulturbesitz mit Musikinstrumenten-Museum.
2 Edgar Wisniewski, „Ratio und Kontemplation – Ein neuer Bau für die Musik im Kulturforum", in: Staatliches Institut für Musikforschung Preußischer Kulturbesitz (Hrsg.), *Wege zur Musik*, Berlin 1984, S. 180, 183.

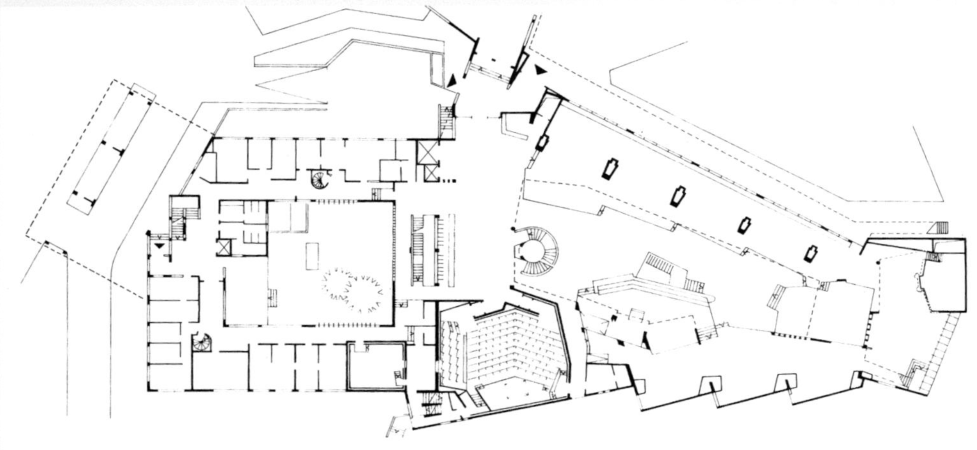

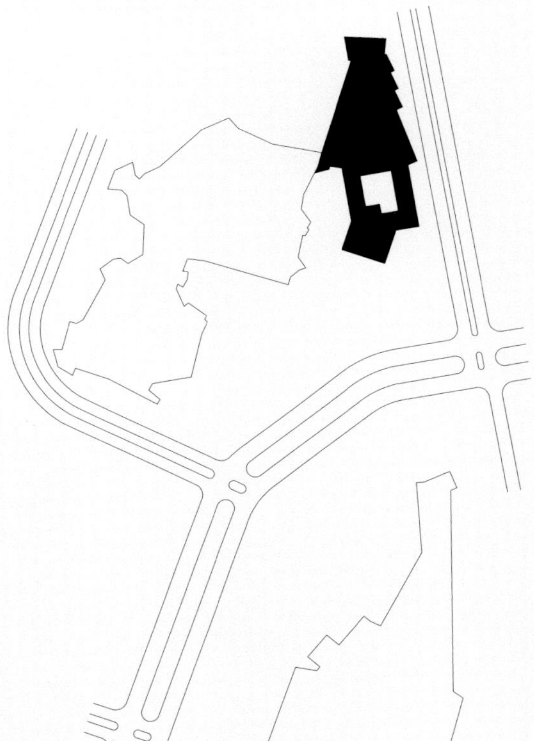

Grundriss Erdgeschoss
Lageplan
Ostfassade Richtung Potsdamer Platz

Fassadendetail
Raum für Jazzkonzerte
Farbige Lichtwand

LITERATURVERZEICHNIS

Margit Staber, „Hans Scharoun – Ein Beitrag zum Organischen Bauen", in: *Zodiac*, Heft 10, 1962, S. 52–92

Liselotte Orgel-Köhne, Armin Orgel-Köhne, Ulrich Conrads, *Berlin Philharmonie*, Berlin 1964

Hans Scharoun, hrsg. von der Akademie der Künste, Berlin 1967

Willi Oppenländer, *Hans Scharoun – Mittelpunkt sei der Mensch*, Stuttgart 1968

Yukio Futagawa (Hrsg.), *The Berlin Philharmonic Concert Hall*, Tokio 1973

Theater der Stadt Wolfsburg – Zur Eröffnung des Hauses am 5. Oktober 1973, hrsg. von der Stadt Wolfsburg 1973

Peter Pfankuch (Hrsg.), *Hans Scharoun – Bauten, Entwürfe, Texte*, Schriftenreihe der Akademie der Künste, Berlin 1974 (erweiterte Neuauflage 1993)

Peter Blundell Jones, *Hans Scharoun – Eine Monographie*, Stuttgart 1980 (*Hans Scharoun – A Monograph*, London 1978, erweiterte Neuauflage 1995)

Alessandro Sassu, *La Philharmonie di Hans Scharoun*, Bari 1980

Eckehard Janofske, *Architektur-Räume – Idee und Gestalt bei Hans Scharoun*, Braunschweig 1984

Wege zur Musik, hrsg. vom Staatlichen Institut für Musikforschung Preußischer Kulturbesitz, Berlin 1984

James Adam Anderson, *The Architecture of Hans Scharoun – Practice 1933–1945*, Masterarbeit am MIT bei Stanford Anderson, Cambridge, MA 1985

J. Christoph Bürkle, *Hans Scharoun und die Moderne – Ideen, Projekte, Theaterbau*, Frankfurt am Main 1986

Martina Düttmann (Hrsg.), *Hans Scharoun – Vom Stadt-Wesen und Architekt-Sein*, Berlin 1986

Klaus-Jakob Thiele, *Über Hans Scharoun – Hinweise auf Ideen und Weg*, Berlin 1986

Der Kammermusiksaal der Berliner Philharmonie, hrsg. vom Senator für Bau- und Wohnungswesen Berlin 1987

25 Jahre Philharmonie Berlin, hrsg. vom Berliner Philharmonischen Orchester, Berlin 1988

Christine Hoh-Slodczyk, Norbert Huse, Günther Kühne, Andreas Tönnesmann, *Hans Scharoun – Architekt in Deutschland 1893–1992*, München 1992

J. Christoph Bürkle, *Hans Scharoun*, Basel, Berlin, Boston 1993

Johann Friedrich Geist, Klaus Kürvers, Dieter Rausch, *Hans Scharoun – Chronik zu Leben und Werk*, Berlin 1993

Jörg C. Kirschenmann, Eberhard Syring, *Hans Scharoun – Die Forderung des Unvollendeten*, Stuttgart 1993

Hans Scharoun – Bauten und Entwürfe für Bremerhaven und Bremen, hrsg. vom Senator für Kultur der Freien Hansestadt Bremen 1993

Achim Wendschuh (Hrsg.), *Hans Scharoun – Zeichnungen, Aquarelle, Texte*, Schriftenreihe der Akademie der Künste, Berlin 1993

Edgar Wisniewski, *Die Berliner Philharmonie und ihr Kammermusiksaal – Der Konzertsaal als Zentralraum*, Berlin 1993

Christina Threuter, *Hans Scharouns Architekturzeichnungen aus der Zeit von 1939 bis 1945*, Frankfurt am Main 1994

Peter Blundell Jones, Amanda Lewis, *Hans Scharoun – The Alternative Tradition*, London 1995

Klaus Kürvers, *Entschlüsselung eines Bildes – Das Landhaus Schminke von Hans Scharoun*, Dissertation im Fachbereich Architektur an der Hochschule der Künste, Berlin 1996

Max Risselada, *Funktionalismus 1927–1961 – Hans Scharoun versus die Opbouw*, Sulgen 1999 (*Functionalisme 1927–1961 – Hans Scharoun versus de Opbouw*, Delft 1997)

Reinhard Friedrich, Joachim Matzner, *Die Berliner Philharmonie – Philharmoniker, Dirigenten, Solisten*, Berlin 1999

Eva-Maria Amberger (Eva-Maria Barkhofen), *Sergius Ruegenberg – Architekt zwischen Mies van der Rohe und Hans Scharoun*, Berlin 2000

Wilfried Wang, *Stadt werden – Mensch sein: Alvar Aaltos Kulturhaus und Hans Scharouns Theater als Leitbilder der heutigen Architektur*, Wolfsburg 2000

Paolo Vincenzo Genovese, *Hans Scharoun – Scuola a Lünen*, Turin 2001

Berthold Burkhardt (Hrsg.), *Scharoun – Haus Schminke – Die Geschichte einer Instandsetzung*, Stuttgart, Zürich 2002

Jörg C. Kirschenmann, Eberhard Syring, *Hans Scharoun – Außenseiter der Moderne*, Köln 2004

Ilka und Andreas Ruby, *Hans Scharoun – Haus Möller*, Köln 2004

Jürgen Tietz, *Philharmonie – Kulturforum Berlin*, Berlin 2007

Elke Sohn, *Zum Begriff der Natur in Stadtkonzepten anhand der Beiträge von Hans Bernhard Reichow, Walter Schwagenscheidt und Hans Scharoun zum Wiederaufbau nach 1945*, Münster 2008

Wen-chi Wang, *Chen-kuan Lee und der Chinesische Werkbund mit Hugo Häring und Hans Scharoun*, Berlin 2010

Peter Emrich, Guido Storch, *Das Haus Schminke in Löbau*, Spitzkunnersdorf 2011

Eva Glück, Irene Brückle, Eva-Maria Barkhofen (Hrsg.), *Papier – Linie – Licht – Konservierung von Architekturzeichnungen und Lichtpausen aus dem Hans-Scharoun-Archiv*, Berlin 2012

Oliver G. Hamm, *Revision einer „Stadtlandschaft" – Die Deutsche Botschaft Brasília im geschichtlichen und zeitgenössischen Kontext*, Hamburg 2013

Hans Scharouns Theater für Wolfsburg 1973–2013, hrsg. vom Forum Architektur der Stadt Wolfsburg, Berlin 2013

Wilfried Wang, Daniel E. Sylvester (Hrsg.), *Philharmonie – Berlin 1956–1963 – Hans Scharoun*, Tübingen 2013

Philip Kurz (Hrsg.), *Scharoun – Geschwister-Scholl-Schule – Die Geschichte einer Instandsetzung*, Stuttgart, Zürich 2014

Wolf-Emanuel Linsenhoff, Ralf Augsburg, *Scharoun – Architekt und Stadtplaner aus heutiger Sicht*, Berlin 2016

Manfred Walz, Peter Strege, Hartmut Dreier (Hrsg.), *Hans Scharoun im Ruhrgebiet – Entwerfen und Bauen für das Leben*, Berlin 2017

SACHREGISTER

BILDNACHWEIS

Alle Farbfotos und neu gezeichneten Pläne stammen von Carsten Krohn.

Bildarchiv Foto Marburg,
Foto Waltraut Krase: 202

Bildarchiv Ostpreußen: 32 oben, 40 links

Chen-Kuen-Lee-Archiv, Akademie der Künste, Berlin: 104

Peter-Fritz Hoffmeyer-Zlotnik-Archiv, Akademie der Künste, Berlin:
12 links, 78, 96

Peter-Fritz Hoffmeyer-Zlotnik-Archiv, Akademie der Künste, Berlin,
Foto Klettephoto: 10, 58

Insterburger Brief, Mai/Juni 1966: 45

Landesarchiv Berlin: 74 rechts, 140

Jürgen Metzendorf: 154

Alle weiteren Abbildungen stammen aus dem Hans-Scharoun-Archiv der Akademie der Künste, Berlin.
Folgende Fotografen sind bekannt:

Bild-Waldthausen: 132
Reiner Blunck: 162
Albrecht Brugger: 121
Bundesbaudirektion: 165
Fritz Dressler: 194
Reinhard Friedrich: 90, 114, 152, 174
Otto Hagemann: 127
Heddenhausen: 87 unten
Alice Kerling: 68
Arthur Köster: 62, 65 rechts, 80
Walter Köster: 11
Dr. Lossen & Co: 52 oben
Lutkat-Bildnisse: 34 oben,
35 unten, 44, 46, 47
Beate Mattern: 92 rechts, 112
Lucia Moholy: 54
Slapeta: 92 links
Dieter Storp: 134

ÜBER DIE AUTOREN

Carsten Krohn ist Professor für Architektur an der Anáhuac Universität in Mexiko-Stadt. Er ist in Hamburg geboren und studierte Architektur, Stadtplanung und Kunstgeschichte an der Hochschule für bildende Künste in Hamburg und der Universität Hamburg sowie an der Columbia Universität in New York. Er promovierte in Kunstgeschichte über die Wirkungsgeschichte von Buckminster Fuller in der Architektur. Carsten Krohn arbeitete als Architekt in den Berliner Büros von Daniel Libeskind und Norman Foster und unterrichtete am Karlsruher Institut für Technologie, der Technischen Universität Berlin, der Humboldt-Universität Berlin und am Tecnológico de Monterrey in Monterrey. Er ist Autor von Büchern über das Werk von Peter Behrens und Mies van der Rohe, kuratierte die Ausstellung *Das ungebaute Berlin* und arbeitete mit Knut Klaßen an Video–Projekten. Seine Fotografien wurden in zahlreichen Ausstellungen gezeigt.

Eva-Maria Barkhofen leitet seit 2006 das Baukunstarchiv der Akademie der Künste, Berlin. Sie wurde in Essen geboren. Lehre zur staatlich geprüften Berufsreiterin. Studium der Kunstgeschichte, Klassischen Archäologie und Europäischen Ethnologie an der Westfälischen Wilhelms-Universität Münster; Promotion zu einem Thema der westfälischen Barockarchitektur; daran anschließend Volontariat an den Staatlichen Museen zu Berlin Preußischer Kulturbesitz; 1991–94 Referentin am Brandenburgischen Landesamt für Denkmalpflege; 1994–2006 Leiterin der Architektursammlung an der Berlinischen Galerie, Landesmuseum für Moderne Kunst, Photographie und Architektur. Seit 1998 Sprecherin der Föderation deutschsprachiger Architektursammlungen und seit 2014 tätig als öffentlich bestellte und vereidigte Sachverständige für architekturbezogene Kunst und Archivobjekte.